ROSTOS LEGISLATIVOS
DE D. JOÃO VI NO BRASIL

RUI MANUEL DE FIGUEIREDO MARCOS

Professor Catedrático da Faculdade de Direito
da Universidade de Coimbra
Académico da Academia das Ciências de Lisboa
e da Academia Portuguesa da História

ROSTOS LEGISLATIVOS
DE D. JOÃO VI NO BRASIL

ROSTOS LEGISLATIVOS
DE D. JOÃO VI NO BRASIL

AUTOR
RUI MANUEL DE FIGUEIREDO MARCOS

EDITOR
EDIÇÕES ALMEDINA. SA
Av. Fernão Magalhães, n.º 584, 5.º Andar
3000-174 Coimbra
Tel.: 239 851 904
Fax: 239 851 901
www.almedina.net
editora@almedina.net

PRÉ-IMPRESSÃO | IMPRESSÃO | ACABAMENTO
G.C. GRÁFICA DE COIMBRA, LDA.
Palheira – Assafarge
3001-453 Coimbra
producao@graficadecoimbra.pt

Julho, 2008

DEPÓSITO LEGAL
279270/08

Os dados e as opiniões inseridos na presente publicação
são da exclusiva responsabilidade do(s) seu(s) autor(es).

Toda a reprodução desta obra, por fotocópia ou outro qualquer
processo, sem prévia autorização escrita do Editor, é ilícita
e passível de procedimento judicial contra o infractor.

Biblioteca Nacional de Portugal – Catalogação na Publicação

MARCOS, Rui Manuel de Figueiredo

Rostos legislativos de D. João VI no Brasil.
ISBN 978-972-40-3566-6

CDU 340

Às Minhas Antigas e Actuais Alunas Brasileiras e aos Meus Antigos e Actuais Alunos Brasileiros do Curso de Mestrado da Faculdade de Direito da Universidade de Coimbra

NOTA PRÉVIA

On ne doit écrire que de ce qu'on aime. Representa um pensamento que sempre me cativou. Ora, uma investigação que se faz irresistivelmente amável é aquela que procura captar as imagens jurídicas de um Estado nascente, como foi o Brasil do século XIX.

O estudo que se oferece agora à estampa resulta da conjugação harmoniosa de várias conferências que fui proferindo. Sucessivamente, no Grémio Literário, na Academia das Ciências de Lisboa, na Katholieke Universiteit Leuven e no Instituto de Direito Comparado Luso-Brasileiro do Rio de Janeiro.

A oportunidade das pesquisas sobre os «Rostos Legislativos de D. João VI no Brasil» ressalta a todas as luzes. O ano de 2008 regista o bicentenário da transferência da Corte para o Brasil. Comemorar o facto é, de certo modo, voltar a vivê-lo. Mal se entenderia que o direito ficasse alheio às celebrações.

RUI MANUEL DE FIGUEIREDO MARCOS

1. Considerações introdutórias

Dois séculos sobre a chegada da Corte ao Brasil não bastaram para empalidecer a cintilância do seu significado histórico. Continua a arrebatar a devoção de um sem número de estudiosos de ambos os lados do Atlântico. Comemorar a presença da Corte no Brasil é, de certo modo, voltar a vivê-la.

Pela lente primorosa do direito, o historiador desvela uma das perspectivas mais cativantes do espírito de uma época, como se serpenteasse pelas veredas escarpadas da lei até ascender ao vértice de uma colina, onde a aragem, ora suave, ora cortante, lhe acaricia ou lhe fustiga a face. Em breve relance, tudo estará em compreender o sentido do reduto jurídico que cada atmosfera cultural vai entretecendo. Daí que o nosso voto disquisitivo se encontre no exame da legislação joanina no Brasil[1]. Encerra, com certeza, mensagens refulgentes saídas do passado.

---

[1] A nossa investigação tomou por base as colectâneas de leis existentes na Biblioteca da Faculdade de Direito de Coimbra, da qual, aliás, sou Director no momento que corre. A colectânea que mais se utilizou tem o seguinte título manuscrito: *Collecção de Leis, Decretos, e Alvarás, Ordens regias e editaes que se publicárão desde o anno de 1806 até 1809*. Não tem páginas numeradas.

2. Fundamentos da partida da Corte para o Brasil de acordo com o Decreto de 26 de Novembro de 1807

Quando o príncipe D. João largou amarras do Tejo rumo ao Brasil, deixou para trás, em terra por si legislada, um diploma de um teor que podia suscitar as mais desencontradas leituras. E, na verdade, então como hoje, suscitou e continua a suscitar. O seu conteúdo não se instilou no ânimo dos portugueses, ao ponto de o conformar decisivamente. Conheceu, porém, um indesmentível significado político.

O Decreto em causa foi assinado pelo príncipe regente no Palácio de Nossa Senhora da Ajuda, em 26 de Novembro de 1807. Foi o meio escolhido, não só para fundamentar a partida da Corte para o Brasil, como desvelou também o intuito de evitar um vazio de poder, transmitindo os destinos políticos do Reino para uma Junta de governadores.[1]

Esboçou-se um quadro rector. Num momento crítico, o príncipe regente assinalava aos governadores que a sua missão precípua era a realização judicativa do valor da justiça. *Pax opus justitiae*, continuava a perdurar como uma máxima em plena cintilância.

Em sintonia com o que se acaba de salientar, o diploma legislativo de 26 de Novembro de 1807 insistia, *expressis verbis*, que os governadores deviam administrar a «Justiça com imparcialidade, distribuindo os Prémios e Castigos conforme os merecimentos de cada hum». Compunham o governo, a que chama-

---

[1] Sobre os antecedentes da ida de D. João VI para o Brasil, ver JOÃO LÚCIO DE AZEVEDO, *Épocas de Portugal Económico. Esboços de História*, 4.ª ed., Porto, 1988, págs. 442 e segs.

remos não de transição, mas de absência, um conjunto de personalidades da confiança pessoal do príncipe. Destacavam-se o seu primo, o Marquês de Abrantes, Francisco da Cunha Menezes, tenente-general do exército, o Principal Castro, Regedor das Justiças, Pedro de Mello Breyner, Presidente do Real Erário, D. Francisco de Noronha, Presidente da Mesa de Consciência e Ordens e, na falta de qualquer um deles, o Conde Monteiro-Mór, Presidente de Senado da Câmara. Um espectro de figuras que abrangia os sectores fundamentais da vida pública portuguesa, desde os tribunais superiores aos cumes mais elevados da administração.[1]

Mas onde o Decreto de 26 de Novembro de 1807 sobrepuja a sua importância histórica é na exposição oficial dos motivos que conduziram à transferência da Corte para o Brasil. No fundo, um elenco de causas suasórias. Eis o quadro regiamente traçado.

Antes de tudo, o príncipe declarava que pretendera conservar, por todos os meios possíveis, o princípio da neutralidade. De resto, um pouco contraditoriamente, confessava que tinha incorrido no excesso de «fechar os Portos dos Meus Reinos aos Vassallos do Meu antigo e Leal Alliado o Rei da Grãa Bretanha, expondo o Commercio dos Meus Vassallos á total ruina, e a sofrer por este motivo grave prejuizo nos rendimentos da Minha Corôa».

Apesar disso, as tropas do imperador de França e rei de Itália persistiam em dirigir-se para a capital do nosso país. Perante tal cenário, o príncipe regente D. João esgrimia o retumbante argumento da humanidade e da defesa intransigente do povo

---

[1] Vide ANA CRISTINA ARAÚJO, As invasões francesas e a afirmação das ideias liberais, in «História de Portugal», Direcção de José Mattoso, vol. V, Lisbos, 1993, págs. 26 e seg.

português. Procurara «evitar as funestas consequencias, que se podem seguir de huma defesa, que seria mais nociva, que proveitosa, servindo só de derramar sangue em prejuizo da humanidade, e capaz de acender mais a dissenção de humas tropas». Inclusive, havia a promessa e o anúncio dos exércitos franceses não cometerem o mínimo acto de hostilidade contra os cidadãos portugueses.[1]

Como o objectivo cimeiro de Napoleão estaria em capturar a família real, o príncipe D. João, coerentemente, salientava que os seus leais vassalos seriam menos inquietados se ele se ausentasse do País. Na verdade, a melhor solução estaria em «passar com a Rainha Minha Senhora e Mãe, e com toda a Real Família para os Estados da América, e estabelecer-me na cidade do Rio de Janeiro até à Paz Geral».

3. As Instruções Régias de Novembro de 1807

O Decreto de 26 de Novembro de 1807 não pode ser interpretado sem o recurso a um conjunto de instruções régias que o acompanharam[2]. O alvitre soberano mais significativo residiu no ditame que caiu sobre os elementos que compunham a Junta governativa de assegurarem que não se afrontassem as tropas invasoras, sob pena de castigo rigoroso aos desobedientes. Expressamente, assinalava-se aos governadores que deviam conservar

---

[1] Ver a importante obra de José Acursio das Neves, *História geral da invasão dos franceses em Portugal e da restauração deste Reino*, 5 vols., Lisboa, 1810-1811.

[2] *Vide* «Instrucções a que se Refere o Meu Real Decreto de 26 de Novembro de 1807».

em paz o Reino e «que as tropas do Imperador dos Francezes e Rei de Italia sejão aquarteladas, e assistidas de tudo o que lhes for preciso, em quanto se detiverem neste Reino, evitando todo e qualquer insulto que se possa perpetrar, e castigando rigorosamente, quando aconteça; conservando sempre a boa harmonia, que se deve praticar com os Exercitos das Nações, com as quaes nos achamos unidos no continente».

A proclama soava tão estridente quanto intrigante. A que finalidades se subordinaria a mente do legislador politicamente comprometido? Estamos em crer que o alvitre régio foi ditado, antes de tudo, por uma visão imediatista que a urgência dramática do momento bem justificava.

Não se afigura difícil de desvelar que o voto régio mais ostensivo foi o de tentar manter a paz. Mas, diante de uma invasão militar já em curso, que ameaçava a independência do País e a liberdade do rei, uma das mais plausíveis explicações encontra-se na prudencial atitude do príncipe D. João de impedir as atrocidades que poderiam ser cometidas pelos franceses contra o povo português. Daí o benévolo comportamento que se impunha aos súbditos nacionais, os quais teriam de assistir impávidos à afronta. Era-lhes pedido que não levantassem as cabeças dos seus pequenos trabalhos, nem sequer para suspirar de desalento.

Ainda assim, porém, a veemente instrução do princípe D. João deve ser encarada a uma outra luz. Aí se descortina também um raio de esperança na diplomacia portuguesa que, talvez com mais algum tempo disponível e no concerto volúvel das potências europeias, poderia conseguir, a breve trecho, a retirada dos franceses.

Se assim foi, baldado intento. E em toda a linha. O príncipe D. João viu-se inexoravelmente forçado a declarar guerra à França, com as consequências que se conhecem. Os franceses, por mais de uma vez, invadiram Portugal, permaneceram e cometeram atrocidades. O *agere* prudencial de D. João fracassou. Em boa verdade, o colapso do vaticínio real estava já escrito nos céus.[1]

Em termos legislativos, o diploma que declarou guerra à França foi o Decreto de 10 de Junho de 1808, promulgado no Rio de Janeiro. Estabelecia uma certa disciplina normativa a respeito da guerra. Ordenava aos vassalos portugueses que, por mar e por terra, levassem a cabo todas as possíveis hostilidades. Não se esqueceu de autorizar o corso, declarando que todas as tomadias e presas ficariam pertencendo aos apresadores, sem dedução alguma em benefício da fazenda real. O incentivo gritava de forma altissonante.

4. Anúncio da inversão da política do príncipe regente D. João relativamente à França

Não, admira, pois, que o príncipe D. João sentisse necessidade de fundamentar a inversão da sua política em relação à França. E fê-lo num extenso documento que publicou, através da impressão régia do Rio de Janeiro, em 1 de Maio de 1808. Intitulou-o «*Manifeste, ou Exposé Raisonné, et Justificatif de la conduite de la Cour de Portugal à l'égard de la France depuis le commencement de la Révolution jusqu'à l'époque de l'Invasion du Portugal; e des motifs, qui l' ont forcé à déclarer la Guerre à L'Empereur des Français en conséquence de l'Invasion, et la*

---

[1] Recorda-se que, em 19 de Junho de 1808, uma proclamação da Junta do Supremo Governo da cidade do Porto anunciava a todos os súbditos que o «Governo Francez se acha inteiramente abolido e exterminado deste Paiz, e restituida nelle a Real Authoridade do nosso legitimo Soberano, a qual será exercitada plena, e independentemente pela sobredita Junta, em quanto não for restituido o Governo instituido neste Reino por S.A.R.»

subséquente Déclaration de Guerre d'après le rapport du Ministre des Relations Extérieurs». Importa atentar no seu conteúdo.

Do copioso arrazoado retira-se que o príncipe D. João elevou a argumento fundamental o desrespeito por parte da França dos Tratados de Paz de Badajoz e de Madrid, celebrados em 1801 e também do Tratado de Neutralidade de 1804. Mal os pactos de 1801 se concluíram, logo Portugal impunha a si próprio a exacta observância das suas cláusulas mais onerosas. O procedimento adoptado pelo governo francês foi bem diferente e, desde o primeiro sopro de vida do pacto, não cuidou senão de exigir sacrifícios injustificados e extravagantes ao nosso país.[1]

Volvido algum tempo, ateou-se, de novo, a guerra entre a Inglaterra e a França. A diplomacia portuguesa julgara em vão poder descansar no Tratado de 1804, através do qual a França se comprometera a aceitar a neutralidade de Portugal. O artigo VI do Tratado não podia ser mais claro. Rezava assim: «O primeiro Consul da Republica Franceza consente em reconhecer a Neutralidade de Portugal durante a prezente Guerra; e promette não se oppôr a nenhuma das medidas, que poderião ser tomadas a respeito das Nações Belligerantes em consequencia dos principios, e Leys geraes da Neutralidade».

A Corte de Portugal foi colhida, de golpe, quando, em Agosto de 1806, se viu desperta da frágil segurança em que estava por uma declaração formal do Ministro das Relações Exteriores, Monsieur de Talleyrand, feita a Lord Yarmouth. O primeiro fez então conhecer ao segundo que «se a Gram Bretanha não fazia

---

[1] No tocante às relações franco-portuguesas depois de 1801, ver LOPES DE ALMEIDA, *As imposições de Napoleão,* in «História de Portugal», Direcção Literária de DAMIÃO PERES, vol. VI, Barcelos, MCMXXXIV, págs. 289 e segs.

a paz marítima, o Governo Francez declararia a guerra a Portugal, e faria marchar sobre elle trinta mil homens para o occupar». Em tom ríspido, o governo das Tuilherias chegou mesmo a instilar no ânimo de Portugal a sugestão não só de fechar os nossos portos à Inglaterra, como o de deter todos os ingleses residentes em Portugal e de confiscar todos bens de propriedade britânica.

Tentou ainda Portugal morigerar os ímpetos franceses, cedendo à pretensão da clausura dos portos, mas sem anuir às duas outras exigências que reputava contrárias aos princípios de direito público e aos tratados celebrados entre os dois países. Visava o príncipe, acima de tudo, evitar «huma effusão inutil de sangue». No entanto, acabaria por reconhecer que o governo francês se propunha nada menos do que «apoderar-se da Sua Real Pessoa, e de todas as que compoem a Sua Augusta Família Real, para poder depois a seu modo, e segundo lhe parecesse, repartir os despojos da Coroa de Portugal, e dos Seus Estados. A Providencia favoreceo os esforços de um Príncipe Justo; e a magnanima resolução, que S.A.R. abraçou, de retirar-se aos Seus Estados do Brazil com a Sua Augusta Família Real, tornou totalmente inuteis os designios do Governo Francez, e descortinou á face de toda a Europa as vistas criminozas, e perfidas de hum Governo, que não tem outro fim, senão o dominar a Europa, e o Mundo inteiro, se as Grandes Potencias dellas, despertadas do lethargo, em que se achão, não fizeram causa commum contra huma ambição tão excessiva, e tão fora de todos os limites». Bem vistas as coisas, tratava-se de um voto no direito de resistência ao pendor imperalista da França, que desejavelmente se fortaleceria através do concerto das outras nações europeias[1].

---

[1] Acerca das prioridades da política externa portuguesa enquanto a Corte permaneceu no Brasil, ver MARIA REGINA MONGIARDIM, *Diplomacia*, Coimbra, 2007, págs. 481 e segs.

O príncipe regente não ignorava que os motivos que justificavam a declaração de guerra à França deviam ser conhecidos dos portugueses. E com uma publicidade acrescida. Assim, para que a notícia chegasse a todos, afixou-se, em Lisboa, o Edital de 12 de Maio de 1809. A epígrafe revelava o seu propósito imediato: «O Principe Regente nosso Senhor foi servido mandar remetter à Meza do Desembargo do Paço o Manifesto, pelo qual o mesmo Senhor, pelas justificadas razões nele deduzidas, Houve por bem declarar a Guerra á França».[1] A elaboração do documento tivera lugar no Rio de Janeiro e apareceu com a data de 1 de Maio de 1808.

5. O benévolo acolhimento dos franceses e a aceitação obrigatória das moedas francesa e espanhola como meio de pagamento em Portugal

Era preciso, de início, não açular o petulante galo francês. De tal sorte que o bom acolhimento que se reservava aos franceses começou a um pronto. Desde logo, com uma providência de natureza financeira. Pretendemos aludir ao Edital de 30 de Novembro de 1807 da responsabilidade do desembargador Lucas de Seabra da Silva. Aí se estampava uma advertência solene.

O aviso dirigia-se a todos os moradores da capital e seu termo. Ninguém poderia recusar, como meio de pagamento, a moeda francesa e a moeda espanhola, com que as tropas do imperador se dispunham a comprar os géneros de que necessitavam. Os desobedientes que infringissem este comando eram punidos com penas

---

[1] É interessante consultar CLÁUDIO DE CHABY, *Excertos históricos e colecção de documentos relativos à guerra denominada da Península e às anteriores de 1801 e do Roussillon e Catalunha*, 5 vols., Lisboa, 1862-1882.

graves, dependentes do arbítrio do Intendente Geral da Polícia da Corte e do Reino. Pelo lado da moeda disponível, os abastecimentos às tropas francesas não corriam, por conseguinte, risco de ruptura originado por um boicote.[1]

6. A hospitalidade estratégica da Igreja portuguesa

A Igreja, a um primeiro relance, pareceu atordoada perante a invasão francesa. Reagiu, em sintonia com o rei, na mira de garantir a quietude do povo português. A palavra oficial surgia estampada num documento saído da pena de *«Josephus II. Cardinalis Patriarcha Lisbonensis»*. A cansada idade e o peso de muitas moléstias não lhe permitiram dirigir-se, de viva voz, aos seus fieis.

O Cardeal Patriarca não hesitava em abençoar um grande exército que vinha em nosso socorro e que nos dava esperanças fundadas de felicidade. Os portugueses podiam sentir-se seguros. Lembrava, sem rebuço, o Cardeal Patriarca que «este Exercito he de Sua Magestade, o Imperador dos Franceses e Rei de Itália, Napoleão o Grande, que Deos tem destinado para amparar, e proteger a Religião, e fazer a felicidade dos Póvos; Vós o sabeis, o Mundo todo o sabe: Confiai com segurança inalterável neste Homem prodigioso, desconhecido de todos os Seculos: Elle derramará sobre nós as felicidades da Paz, se Vós respeitareis as

---

[1] A viradeira trouxe consigo o Decreto de 18 de Agosto de 1808 que, em atenção ao «gravissimo prejuizo, que sofre o commercio na introdução, e giro da Moeda Franceza», interditou a sua circulação «para que jámais se possa admittir em quaesquer pagamentos, ou sejão particulares, ou destinados para as arrecadações públicas, não havendo obrigação alguma de acceitar-se, qualquer que seja a sua natureza, qualidade, ou valor».

suas Determinações; se Vos amareis todos mutuamente, Nacionais, e Estrangeiros com fraterna Caridade».[1]

Ao clero do patriarcado solicitava-se que concorresse, na medida do possível, para a tão desejada união. Os párocos deviam impor a si próprios a tarefa da instrução das populações, de tal sorte que não desconhecessem as vantagens de assumirem esse convívio harmonioso com os franceses. Também o ponto de vista da Igreja iria naufragar diante da inclemência dos factos.

Por seu turno, o Inquisidor Geral dos Reinos, D. José Maria de Mello, Bispo titular do Algarve, resolveu, volvidos poucos dias, acompanhar a carta pastoral do venerável Cardeal Patriarca, sublinhando a necessidade de garantir a boa ordem e a quietação do Reino, perante a chegada de um grande exército que vinha em socorro de Portugal e que oferecia bem fundadas esperanças de felicidade. Os elogios a Napoleão coincidiam com os derramados pelo Cardeal Patriarca.

A aceitação tranquila da presença estrangeira e o não rompimento da paz pública estavam no pensamento do Inquisidor Geral. Daí as suas instantes recomendações. Assim, permitiu-se encarregar, muito encarecidamente, «aos Deputados do Conselho Geral, aos Inquisidores, e mais Ministros do Santo Officio, que com todo o desvélo, applicação, e efficacia concorrão com a admoestação, com a exhortação, com a persuasão, assim como concorrem sem dúvida, e hão de concorrer sempre com o exemplo, para que o mesmo socego, paz, e união não tenhão quebra ou mingoa alguma, mas antes augmento sólido, e constante».[2]

---

[1] Trata-se de um documento dado no Palácio da Junqueira, em 8 de Dezembro de 1807. Foi publicado na oficina de António Rodrigues Galhardo, impressor do Eminentíssimo Senhor Cardeal Patriarca.

[2] A carta, com o selo do Conselho Geral do Santo Ofício, foi dada em Lisboa, aos 22 de Dezembro de 1807.

Também o Bispo do Porto, D. António de S. José de Castro, no exercício do seu ofício pastoral, aderiu ao coro unissonante. De tal maneira que se excitassem no íntimo dos corações dos portugueses os sentimentos de paz e de tranquilidade. Com efeito, importava acolher sem remoques um excelso imperador que, elevado sobre o trono dos seus triunfos, a eles coligava a glória de fazer dominar a religião católica.[1] A caridade e a hospitalidade deviam nortear a recepção por parte dos portugueses.

É certo que o governo contava com o zelo dos membros do clero para controlar as reacções sociais mais impetuosas. Não admira, pois, que o Duque de Abrantes, general em chefe do exército português, houvesse emitido uma circular aos arcebispos e bispos do Reino, no sentido de avivar o dever de cooperação que lhes cumpria observar no tocante ao socego público.[2]

Com o andar do tempo, a crise avolumou-se e o patriarcado foi convocado a vociferar um apelo desesperado. Noticiou-o a carta pastoral de 2 de Julho de 1808. Desatinos houve levados a cabo por homens que professavam a religião cristã e o amor pelo próximo. Na verdade, sucederam-se os «exemplos inauditos e de perfidia, recentemente praticados em diversas Provincias deste Reino contra as tropas Francezas que pacificamente o occuppavão, e que o guardão e defendem debaixo da direcção Sabia e Vigilante de hum Chefe guerreiro, experimentado e nosso Amigo, que o possue, e o governa em Nome do Grande Imperador, do Invencivel Napoleam». A carta pastoral ia, porém, mais longe. Para todos aqueles que inflamassem o espírito dos cidadãos portugueses,

---

[1] Ver a carta pastoral do Bispo do Porto de 18 de Janeiro de 1808.

[2] A mencionada «Circular aos Arcebispos e Bispos do Reino sobre a Previdencia» tem a data de 22 de Maio de 1808.

por palavras ou actos, reservava as penas de excomunhão e de perda dos cargos e ofícios. Aos eclesiásticos pedia-se silêncio, oração e retiro.

7. O correr da pena legislativa de Junot

Há uma consequência bem visível da retirada da Corte para o Brasil que tem sido um tanto descurada, designadamente por parte dos juristas. Pretende-se aludir à legislação saída da pena de Junot enquanto permaneceu à frente dos destinos do nosso país. Diríamos que como que corresponde a um golpe interpolacionista no direito português.

A fúria legiferante de Junot concentrou-se no mês de Dezembro de 2007 e espraiou-se pelo primeiro semestre de 2008. Não se afigura difícil de emoldurar o quadro rector em que o primeiro ajudante de campo do imperador e general em chefe se movia. Junot, em certas ocasiões, já o escreveu Brito Aranha, «acalentava a idéa de ser um vice-rei em Portugal».[1]

8. A saída da Corte de Lisboa entendida como manifestação abdicativa do príncipe

Da ponta do dedo mínimo de Junot correu um rio de leis. Antes de tudo, intentou justificar a mudança política do titular do poder de *imperium*. O Decreto de 1 de Fevereiro de 1808 lançou,

---

[1] *Vide* Brito Aranha, *Nota Ácerca das Invasões Francezas em Portugal principalmente a que respeita á primeira invasão do commando de Junot*, Lisboa, 1909, pág. 11.

juridicamente, as suas amarras fundantes numa renúncia por parte do príncipe regente. A manifestação da vontade abdicativa residia no acto de retirada para o Brasil, pois o príncipe, «abandonando Portugal, renunciou a todos os seus Direitos á Soberania deste Reino. A Casa de Bragança acabou de reinar em Portugal. O Imperador Napoleão quer que este bello Paiz seja administrado, e governado todo inteiro em seu Nome e pelo General em Chefe do seu Exercito». A tarefa imposta a Junot decorria da confiança que nele depositava o imperador, o que esperava cumprir dignamente, com a ajuda dos homens mais instruídos do Reino e a boa vontade de todos os habitantes.

As mudanças soavam inexoráveis. Junot reconvertia as estruturas de poder, rodeando-se de um Conselho de Governo que o deveria iluminar na rota do bem comum. A recomposição da administração pública passava pelo envio às províncias de funcionários superiores que se empenhariam em melhorar a administração e em estabelecer nelas a ordem e a economia.

9. O governo da iniciativa de Junot

Um outro diploma publicado no mesmo dia redesenhava o panorama dos órgãos de Estado. De golpe, proclamou a transferência da soberania. O Reino de Portugal seria, doravante, governado, em nome do imperador dos franceses e rei de Itália e pelo general em chefe do exército francês. Impunha-se suprimir, como era inevitável, o Conselho de Regência que o príncipe estabelecera quando deixou o País.

Em termos mais palpitantes para os portugueses, o tal outro Decreto de 1 de Fevereiro de 1808 criou, aliás como estava anunciado, um Conselho de Governo presidido pelo general em chefe.

Constituíam-no um secretário de Estado responsável pela administração interna e pelas finanças e dois conselheiros de governo.[1] Um a quem estava cometida a «Repartição do Interior» e o outro incumbido da «Repartição das Finanças».

A tutela da guerra e da marinha ficava reservada a um segundo secretário de Estado. A seu lado, perfilava-se um conselheiro de governo, com a «Repartição da Guerra e da Marinha» a seu cargo.

Havia ainda um conselheiro de governo, com o título de «Regedor», que recebeu a pasta da justiça e dos cultos.[2] Do mesmo passo, um secretário geral do Conselho se encarregava dos arquivos.

As cúpulas judiciais e administrativas foram mantidas. Corregedores, juízes e desembargadores dos diferentes tribunais, bem como os corpos directivos das diversas instituições do Estado conservavam-se, desde que o interesse público não ditasse a sua redução. A alteração de rota nos objectivos assinalados aos órgãos de Estado podia também provocar mudanças drásticas.[3] Mas, no fundo, o que Junot almejava era garantir uma administração pública colaborante. Daí que a aliciasse com a estabilidade dos cargos.

---

[1] Foi nomeado secretário de Estado do Interior e das Finanças Mr. Herman, enquanto, para a secretaria de Estado da Guerra e da Marinha, se escolheu Mr. Lhuitte. Ver o artigo V do Decreto de 1 de Fevereiro de 1808.

[2] Recaiu sobre o Principal Castro a condição de conselheiro do governo encarregado da justiça e dos cultos.

[3] Veja-se o artigo IV do Decreto de 1 de Fevereiro de 1808.

10. O novo formulário das leis e dos actos forenses e administrativos em nome do imperador dos franceses e rei de Itália

A vontade de fazer vingar o poder legislativo napoleónico em Portugal surgiu da forma mais exuberante no Decreto de 1 de Fevereiro de 1808 saído da pena de Junot. Sem a mínima justificação, ordenou-se que os actos públicos, leis e sentenças que se processavam em nome do «Príncipe Regente de Portugal» passavam a iniciar-se pela fórmula seguinte: «Em nome de S. M. o Imperador dos Francezes, Rei de Italia, Protector da Confederação do Rheno». Os actos executivos relacionados com qualquer diploma legal deviam exibir a fórmula suplementar assaz eloquente: «E em consequencia do Decreto, ou das Ordens de Sua Excellencia o Governador da Paris, Primeiro Ajudante de Campo de S.M., e General em Chefe do Exercito Francez em Portugal». De modo uníssono, os actos de governo tinham de ser tomados «Em Nome de S. M. o Imperador dos Francezes, Rei de Italia, Protector da Confederação do Rheno, ouvido o Conselho do Governo»[1].

Não subsistia réstia de dúvida de que o rosto da soberania mudara em Portugal. Como não se ignora, ao tempo ainda se desconhecia o princípio da separação de poderes, de que resultava a diferenciação dos domínios legislativo, administrativo e judicial. A lei acabava por traduzir toda e qualquer manifestação da vontade soberana destinada a introduzir modificações na ordem jurídica vigente. Se bem que os requisitos da generalidade e da

---

[1] Isto, naturalmente, quando o Conselho de Governo houvesse sido consultado.

permanência se reputassem inscritos na natureza da lei, isso não significava que não houvesse diplomas desprovidos dessas características.

O ponto crucial é que, no início do século XIX, continuava a centralizar-se no monarca a criação do direito. Só que a *voluntas* régia se manifestava de maneiras muito diversas, designadamente quanto ao grau de solenidade formal que convocava. Daí o elenco variado da tipologia de diplomas.[1]

Da *intitulatio* das leis banira-se o «Príncipe Regente» e entrava, triunfante, o imperador francês. Uma deslocação da fonte formal de direito que se transmitia também aos actos administrativos e judiciais. Em consonância com esta deliberada proclamação do poder de *imperium* estrangeiro, o Decreto de 17 de Fevereiro de 1808 impunha que todos os «Alvarás, Portarias, Provisões, Sentenças, e mais Papeis, que nos Tribunaes, Relações, e Auditorios se fizerem, que na fórma do estilo antigo se fazião em nome do Principe Regente, e a elle referião, se fação daqui em diante debaixo das Formulas, que com este baixão assignadas por Francisco Antonio Herman, Secretario de Estado dos Negocios do Interior, e das Finanças».

No acerto formular, figurava sempre uma alusão explícita a Napoleão. Ora se anotava, como nos alvarás, que os documentos se extraíam em nome do imperador dos franceses, ora se incluía, como nas sentenças, a menção que era Napoleão, imperador dos franceses, que a todos os magistrados fazia saber os termos em que correram e se processaram uns certos autos.

---

[1] *Vide* MÁRIO JÚLIO DE ALMEIDA COSTA, *História do Direito Português*, 3.ª ed., Coimbra, 2007, págs. 295 e segs.

11. A legislação penal de Junot e a aplicação do direito penal francês em Portugal

Um dos domínios desde cedo privilegiado pelo também governador de Paris foi a legislação penal. A finalidade que a entretecia ressaltava a todas as luzes. Em mira encontrava-se sempre uma prevenção geral de terror. Isso mesmo se extraí dos múltiplos diplomas publicados no último mês de 1807.

O Decreto de 4 de Dezembro de 1807 abriu as hostilidades legislativas. Sem tibiezas, veio proibir a posse de armas de fogo e lançou, inclusive, um interdicto genérico sobre a caça. Assim, todo o individuo não militar que fosse encontrado a caçar, armado de espingarda ou pistola, sem que para tanto houvesse recebido uma licença assinada pelo General Delaborde, comandante de Lisboa, era considerado vagabundo e matador nas estradas. Responderia, de imediato, perante uma comissão militar *ad hoc*. Sobre todos os juízes portugueses impedia o dever expresso de dar execução ao referido diploma que se publicitara à escala nacional.

Mas o golpe legislativo mais intimidatório encerrou-o o Decreto de 14 de Dezembro de 1807. Aí Junot proclamava a rebelião como o maior de todos os crimes. O insulto à bandeira francesa pagava-se com a cabeça. Os ajuntamentos ficavam proibidos. E aquele que se achasse armado no seio de um ajuntamento seria conduzido a uma comissão militar, entretanto criada, onde se sentenciaria em três meses de prisão, se não se tivesse servido das armas. Ao invés, se houvesse disparado, incorria na pena de morte. O cabeça de motim não escapava à mesma sanção.

O ano de 1808 trouxe consigo um endurecimento da política de Junot. A legislação penal afervorou-se nas suas severidades. A lei mais crispante foi o Decreto de 8 de Maio de 1808. Encerrava uma tremenda novidade para a história do direito. Alude-se à aplicação do Código Penal Francês no nosso país, como que representando um enclave de direito estrangeiro no panorama jurídico nacional.

A razão de ser do Decreto de 8 de Maio de 1808 fundava--se na insuficiência das leis penais portuguesas para frenar a criminalidade. Daí que o legislador, penetrado pela urgência de reprimir, através de um castigo exemplar, todos os delitos que atentavam contra a segurança pública, tivesse criado um tribunal especial. Compunham-no, maioritariamente, militares franceses, um oficial português e um magistrado também português, esco-lhido entre os mais recomendáveis e que mostrasse ter um superior conhecimento das matérias criminais.

A tramitação processual denunciava uma patente celeridade, a par da infiltração de um nubeloso juízo político. Senão vejamos. Quando um processo criminal estivesse completamente instruído, o capitão relator logo participaria o facto ao presidente do tribunal, o qual, de imediato, o comunicaria ao Secretário de Estado da Guerra. Sobre este impedia o dever de levar o processo à sessão seguinte do Conselho de Governo, para que se decidisse se a competência para julgar o pleito pertencia ou não ao mencionado tribunal especial. Na eventualidade da resposta ter sido afirmativa, o presidente devia convocar, sem delongas, o tribunal.[1]

Das sentenças proferidas pelo tribunal especial não havia, nem recurso de apelação, nem recurso da revista. A lei preceituava que tais sentenças se executassem dentro das vinte e quatro horas seguintes e cabia ao capitão relator promover essa execução. A dilação do castigo só serviria a animar os delinquentes.

---

[1] Consultar os artigos XI a XIV do Decreto de 8 de Abril de 1808, dado no Palácio do Quartel General, em Lisboa.

Do elenco dos crimes inscritos na competência do tribunal especial e do cortejo das penas cominadas resulta que o direito penal francês veio em socorro da débil legislação portuguesa. Tal como a invasão militar, a invasão legislativa francesa estrondeava em prol da felicidade do direito português. Enfileiremos, à guisa de atestação, os principais crimes e respectivas penas.

O rol de crimes mostrava bem que a precípua motivação da lei se encontrava na protecção aos militares franceses.[1] De feição que, para os crimes de insurreição contra a autoridade, motim popular ou ajuntamento armado, estava prevista a pena de morte, nos termos das leis portuguesas de 28 de Julho de 1751, 3 de Agosto de 1759, 24 de Outubro de 1764, 14 de Fevereiro de 1772, e também da Lei de 14 *Brumaire* do ano XI, artigo 612. Os autores de um assassínio premeditado, na forma consumada ou não, incorriam na pena de morte, por força de múltiplos diplomas portugueses aplicados em conjugação com o Código Penal Francês de 6 de Outubro de 1791.

Em larga medida, parecia pretender-se que a protecção da segurança pública passasse a ser assegurada pelo tribunal especial. O crime de fogo posto dava lugar à pena de morte, em consonância com a disposição do título II do Código Penal Francês. Por seu turno, os roubos feitos com armas, nas estradas, no interior das cidades e nos campos, assim como os roubos perpetrados com

---

[1] Torna-se patente que a férula legislativa não se mostrava dissociável dos sentimentos de revolta que se começaram a apoderar dos portugueses. Entrado o segundo trimestre de 1808, as insurreições foram-se sucedendo um pouco por todo o lado. E, quase invariavelmente, a sublevação contra os ocupantes conheceu uma origem popular. Neste sentido, ver VASCO PULIDO VALENTE, *Ir Prò Maneta. A Revolta contra os Franceses (1808)*, Lisboa, 2007, págs. 9 e segs.

arrombamento desencadeavam pena de morte ou de galés, pela pauta conjunta dos direito criminal contido no Livro V das Ordenações Filipinas e do Código Penal Francês.[1]

12. A relevância do direito militar

Um derradeiro núcleo de crimes apresentava um claro sabor militar. A contravenção à lei sobre o uso de facas e outras armas mortíferas implicava pena de açoutes e galés. Já os crimes de espionagem e de aliciação para se passar para o inimigo, dada a sua superior gravidade, justificavam a aplicação da pena de morte. Do movimento abolicionista que o humanitarismo propalara pela Europa, nem uma réstia de luz se entrevia.

A aplicação prática do Decreto de 8 de Abril de 1808 foi, seguramente, frutífera. A afluência de delinquentes ao tribunal especial de Lisboa, vindos das diferentes províncias do Reino, suscitou um patente congestionamento judicial. Ora, em ordem a evitar delongas nocivas à rápida administração da justiça, o Decreto de 9 de Maio de 1808 criou, no Porto, um tribunal especial à semelhança do que se erigira em Lisboa. Cada um destes dois tribunais ficava a conhecer, no respectivo distrito, dos delitos que atentassem contra a segurança pública e que se encontravam tipificados no Decreto de 8 de Abril de 1808.[2]

---

[1] Perante a infinita multiplicação a que se assistira de roubos efectuados na cidade de Lisboa e em todo o Reino, o general em chefe determinou que o tribunal especial conhecesse de todos os crimes de roubo que lhe fossem mandados, quer pelo Intendente Geral da Polícia do Reino de Portugal, quer por qualquer outra autoridade judicial.

[2] Ver o artigo 3.º do Decreto de 9 de Maio de 1808.

A disciplina militar constituía um valor de crucial importância no momento que corria. Isso mesmo transparece do Decreto de 5 de Abril de 1808, que exibia a rubora de Junot.[1] Em primeira linha, visava impedir que os soldados portugueses se incorporassem na esquadra inglesa. Enfim, quiçá vítimas das pérfidas insinuações dos comandantes britânicos.

Todavia, numa óptica jurídica, do rol de preceitos ordenadores do comportamento dos militares portugueses, um se elevava pela frontal aplicação de direito estrangeiro, a título de fonte imediata de direito e não de pálido direito subsidiário. De forma ostensiva, o artigo VII do Decreto de 5 de Abril de 1808 dispunha que o «Código Penal Militar Francez, de hoje em diante, será applicavel aos Soldados do Exercito Portuguez: e por consequência todo o desertor, que se apanhar, será punido de morte». Bem vistas as coisas, o que desertava, por ordem imperial, era o direito militar português.

13. Severidades da Intendência Geral da Polícia

Uma figura que assumiu uma certa proeminência na nova ordem que se pretendia estabelecer foi o Intendente Geral da Polícia do Reino de Portugal, De Lagarde. Através da publicitação

---

[1] Não me detive na insistente política legislativa de desarmamento do exército português que Junot empreendeu. Em Fevereiro de 1808 tal desiderato estava praticamente alcançado. Recorda-se que, por força do Decreto de 11 de Fevereiro de 1808, o general francês ordenou também a dissolução das milícias, cujas armas, deviam ser encaminhadas para o Arsenal. *Vide* ANTÓNIO PEDRO VICENTE, *Guerras e Campanhas Militares. Guerra Peninsular 1801/ /1814*, Lisboa, 2007, pág. 49

de um conjunto de editais ferozes, promovia a concreta execução das disposições contidas nas leis assinadas pelo poder estrangeiro.[1]

O carácter intimidatório e repressivo da actuação do Intendente Geral da Polícia transparece da Ordem de 29 de Abril de 1808. Um ajuntamento tumultuoso que ocorrera em quatro artérias de Lisboa provocou violências, ditas culpáveis, cometidas contra soldados do exército francês. A intenção de prevenir delitos de idêntica natureza que voltassem a ofender militares franceses, desencadeou um conjunto de sugestivas providências.

A ira do Intendente desabava sobre os habitantes das ruas «Çuja, da Amendoeira, da Mouraria e Arco do Socorro». Desses moradores seriam logo presos doze. Dos de pior fama e mais suspeitos pela sua anterior conduta. Cumpriam pena de prisão de três meses, caso não declarassem os verdadeiros instigadores e autores das referidas desordens.

Melhor sorte não conheceram todas as meretrizes que habitavam nessas quatro ruas. Depois de afixado o edital, dispuseram apenas de quatro dias para abandonarem as respectivas moradas. Isto sob pena de serem presas, rapadas e desterradas de Lisboa e seu termo.

Também o comércio que se fazia nas mencionadas ruas experimentou as ternuras policiais. Assim, as «Bayucas, Tabernas ou Casas do Povo» sofriam um encerramento compulsivo durante seis meses, salvo se o dono de algum dos estabelecimentos contribuísse para a descoberta dos autores dos excessos verficados.[2]

---

[1] O senhor De Lagarde foi nomeado Intendente Geral da Polícia do Reino de Portugal pelo Decreto de 25 de Março de 1808. Não respondia, no exercício das suas atribuições, perante qualquer das secretarias de Estado. Dependia, directamente, do general em chefe Junot.

[2] Consultar os artigos I a III da Ordem de 29 de Abril de 1808.

Uma interdição do uso de armas lançou-se também sobre os habitantes da capital do Reino.

As leis não conseguiram sustar a reacção patriótica dos portugueses. O desespero crescente dos dirigentes está bem estampado nas proclamas legislativas que foram refinando no seu teor criminalmente terrifiante. Nem sequer nos deteremos em minuciosas considerações sobre o Decreto de 1 de Julho de 1808 que proibiu a livre circulação de pessoas a partir da capital. Com efeito, interditava-se que qualquer um saísse de Lisboa para se estabelecer em outra parte, sem que exibisse um passaporte emanado pela Intendência Geral da Polícia. Os que tivessem abandonado a cidade em direcção ao campo deviam retornar e todo o *paterfamilias* que não voltasse com a família seria preso.[1]

14. A proclamação do Duque de Abrantes

Mas a proclamação que mais trovejou sobre os portugueses foi a do Duque de Abrantes, dada no palácio do quartel general em 26 de Junho de 1808. Iniciavava-se com uma áspera reprimenda aos portugueses. O dardejar começava assim: «Qual he o vosso delirio? Em que abysmos de males vos ides mergulhar? Passados sete mezes da mais perfeita tranquillidade, da melhor harmonia: que razão póde fazer-vos correr ás Armas? E contra quem? Contra hum Exercito, que deve segurar a vossa independência, que deve manter a integridade do vosso Paiz; Exercito sem o qual, em fim, Vós cessarieis de ser portuguezes! Quem vos póde arrastar assim a trahir os vossos proprios interesses?

---

[1] Ver os artigos I a III do Decreto de 1 de Julho de 1808.

Vós quereis pois que a antiga Lusitania não seja mais senão huma Provincia de Espanha? Que podeis Vós esperar contra hum Exercito numeroso, valente, e aguerrido, diante do qual sereis dispersados como as arêas do deserto pelo sopro impetuoso da Meiodia? Não percebeis Vós que os que vos arrastão enganosamente não olhão para o que póde ser do vosso interesse, mas sim para o que possa satisfazer a sua raiva, e com tanto que seja perturbado o Continente, que lhe importa a elles o sangue que para isso ha de correr?».

O documento agitava o fantasma de que, sem o amparo de Napoleão, o País se tornaria numa desgraçada província de Espanha. Do ponto de vista jurídico, esgrimia-se o argumento da conservação do direito nacional, o que, já o sabemos, não era inteiramente exacto. Na propaganda oficial, os portugueses não haviam compreendido que o imperador Napoleão não permitira que a nossa religião sofresse o mínimo insulto e deixaram-se contaminar por insinuações de hereges. Assegurava-se que os abusos da administração, se é que ainda subsistiam, a experiência mostrava que todos se iam esbatendo. Os vencimentos dos militares, administradores e juízes seriam, doravante, regularmente pagos. Tudo motivos para que a tranquilidade regressasse, recomendando o Duque de Abrantes que os portugueses se entregassem aos trabalhos da agricultura e que apanhassem a bela colheita que o céu lhes mandava, depois de tantos temores de uma horrível fome.

Ainda assim, porém, se os portugueses não se deixassem tocar pela retórica argumentativa expendida, a fúria imperial relampejaria a um pronto. Eis o castigo que fatalmente os esperaria, de acordo com a declaração pública de 26 de Junho de 1808: «Toda a Cidade, ou Villa, que tenha tomado as Armas contra o meu Exercito, ou que fizerem fogo os seus Habitantes sobre a Tropa Franceza, serão entregues á pilhagem, destruídas inteiramente, e os Habitantes passados á Espada. Todo o Individuo tomado com as Armas na mão, será no mesmo instante arcabuzado». Atrás do decreto, escondia-se um frenético legislador criminal que pelos paços do poder vagava ululando.[1]

15. Missões assinaladas aos magistrados portugueses

Em períodos de agitação social convulsiva, os magistrados eram, via de regra, chamados a contribuir para uma acalmia que não se queria ver perturbada. De uma série de instruções dirigidas aos corregedores pode extrair-se um pecúlio de uma doutrinação política a respeito da missão que se erguia aos magistrados naquele ano crítico de 1808.

Na perspectiva de uma circunstância crispante, a função tida por mais nobre da magistratura radicava na conservação da paz entre os cidadãos. Os pleitos interrompiam inexoravelmente a paz e acarretavam aos litigantes moléstias em suas pessoas, inquietações no seu espírito e depauteramentos nas suas fazendas. Não raro, a decisão judicial afigurava-se imprevisível.

Os magistrados não resplandeciam «o Augusto nome de Pais dos Póvos» quando preferiam o julgamento das contendas à possibilidade de as evitar. A ignorância e o capricho arrastavam frequentemente os homens para os tribunais, iludidos com os aparatosos simulacros de justiça.

---

[1] Para um retrato dos anos de guerra, ver PATRICK WILCKEN, *Império à deriva. A Corte Portuguesa no Rio de Janeiro 1808-1812*, Porto, 2007, págs. 127 e segs.

Mas o sagrado dever conciliatório dos magistrados estava infiltrado de um sentimento político impenitente. Atendendo às circunstâncias «em que hoje se achão os Moradores, os inevitaveis descommodos, que sofrem com a residencia, e passagem das tropas, e a generosa benevolencia, com que as hão recebido, exigem o maior esmero em conservar-lhes a Paz, e concordia domestica».[1]

O direito de pactar, nas causas cíveis, devia logo ser lembrado aos litigantes. Compareciam, de imediato, perante o juiz, o qual, verbalmente, esclarecia-os acerca dos fundamentos jurídicos das respectivas pretensões. Do mesmo passo, o juiz evidenciava, a ambas as partes, os gastos e as dilações inseparáveis dos pleitos, e os benefícios que produziam os ajustes e as transações amigáveis. Do persuasivo arrazoado legal erguia-se a velha estrela polar dos poderes e deveres do juiz na conciliação judicial.

Por seu turno, as causas crime que se formassem sobre delitos leves, em que não houvesse efusão de sangue, nem o uso de armas proibidas e sobre injúrias, sem o emprego de palavras legalmente infamatórias, seriam decididas brevíssima e sumariamente. Às partes deixava-se o direito de apelar das sentenças.[2]

A tarefa da amigável composição dos conflitos afigurava-se tremendamente absorvente e, por conseguinte, incompatível com a formidável multiplicidade de assuntos que ocupavam a atenção dos magistrados.Careciam de um amparo de natureza institucional. Escogitou uma curiosa solução o Decreto de 14 de Janeiro de

---

[1] Trata-se de um excerto do preâmbulo de um texto regulamentar dirigido aos corregedores das províncias, dado no quartel general de Setúbal, em 6 de Janeiro de 1808.

[2] Ver o artigo VII do Decreto de 6 de Janeiro de 1808.

1808, que tinha como destinatários os senhores corregedores das províncias.

A lei resolveu acolher uma autoridade vicinal que já lograra um patente reconhecimento de carácter social. Os magistrados necessitavam de pessoas que os ajudassem, «porem taes, que não abusem jámais da authoridade que se lhes confia, nem a exercitem sem prudencia. Os vizinhos Notaveis de cada Povo são os instrumentos mais proporcionados, de que se podem valer para tão importante objecto; porque á inteireza, e instrucção, que se lhes deve suppôr, reunem o respeito, que lhes concilia a sua classe, e o interesse individual, que deve estimulallos para a conservação da ordem pública».

Aos corregedores das comarcas cabia assegurar que cada povo se distribuísse em secções, ou distritos, de maneira tal que nenhuma delas contivesse menos de cem casas ou vizinhos e mais de duzentas. Para cada secção, nomeava-se um indivíduo dos mais notáveis que, pela sua fidalguia, prudência, posses e disponibilidade, conseguisse desempenhar o cargo de comissário que lhe era confiado.

A primeira obrigação do novo funcionário seria formar um mapa dos moradores do seu distrito, com menções individuais referentes à idade, à profissão e às ocupações que cada um exercitava. No fundo, tratava-se de um autêntico dossier da personalidade, de que não se excluíam matizes cadastrais.

Os notáveis prosseguiam uma importante missão que ia do recato da vida privada ao zelo da ordem pública. Antes de tudo, deviam compor, de modo oculto e amigável, todas as desavenças domésticas que estalassem entre marido e mulher, pais e filhos, e irmãos. A paz familiar ascendia a valor cimeiro na competência conciliatória assinalada aos notáveis.

Cuidavam, por outro lado, de impedir a ociosidade nos elementos pertencentes aos respectivos distritos. Fazendo com que ninguém se desarreigasse dos seus ofícios e ocupações, os notáveis contribuiriam para que os moradores não se entregassem ao vício. Em ordem a que este objectivo socialmente relevante fosse logrado, os notáveis podiam valer-se de conselhos e de admoestações. Mas, caso a via persuasiva se tornasse insuficiente, era o próprio juiz, uma vez notificado, que impunha uma pena de correcção.

A quietação da ordem pública inscrevia-se ainda, como vimos, na esfera de acção dos notáveis. Tinham a obrigação de organizar rondas todas as noites, de molde a estorvar, nas tabernas, jogos proibidos e outros excessos ofensivos dos bons costumes. Frenar a criminalidade local nas suas diversas manifestações representava, no fundo, a principal tarefa que se entregara aos notáveis. E com um sentido acrescido de responsabilidade, pois, conforme salientava a lei, «quanto he maior a importancia da confiança que se deposita em seu zelo e honra, tanto maior será a sua responsabilidade, no caso de que não correspondão digna-mente».[1] Um quadro em que se pintavam responsabilidades públicas nas mãos de particulares, posto que notáveis.

16. A figura servil dos «Corregedores Móres»

O governo de Junot procurou erigir em sua guarda avançada a figura dos «corregedores móres». O Decreto de 2 de Abril de 1808, com a robora do general em chefe, reunia um conjunto de

---

[1] Ver o artigo X do Decreto de 14 de Janeiro de 1808.

instruções que visavam conformar a conduta dos referidos magistrados.

Assumia frontalmente Junot que não era ainda chegado o momento de promover alterações, quer na ordem judicial, quer no âmbito da administração pública, quer ainda no domínio do direito fiscal. De feição que lembrava aos corregedores que o seu primeiro cuidado devia ser o de «não alterar a praxe actual dos Corpos Judiciaes, ou Administrativos, e meramente interpôr a sua authoridade nos casos mais urgentes, como são empecer uma quebra directa das Leis, ou uma Lesão manifesta dos interesses do Governo».

Os corregedores recebiam um minucioso poder inspectivo sobre todos os magistrados, civis e criminais. Podiam exigir que lhes fossem prestadas informações acerca do estado dos processos, bem como não lhes estava vedado inquirir os juízes no tocante ao número de litígios pendentes. Além das *pendentae causae*, os corregedores asseguravam a celeridade da administração da justiça, na medida em que sindicavam a duração das causas e, acima de tudo, averiguavam os fundamentos dessa mesma duração.[1]

Mas as incumbências atribuídas aos corregedores não se cingiam à esfera judicial. Extravasavam de modo intencionalmente pouco contido para a administração pública. Da sua posição cimeira vigiavam concelhos, cidades, vilas e aldeias, observando o problema sensível da eleição dos oficiais dos concelhos e o corpo de quadrilheiros, meirinhos, alcaides, escrivães e tabeliães.

O controlo dos preços dos víveres através de almotacés e magistrados, que, em caso nenhum, deviam ser escolhidos entre

---

[1] Ver o artigo III do Decreto de 2 de Abril de 1808.

aqueles que traficassem em géneros alimentícios, inscrevia-se claramente no programa de acção assinalado aos corregedores. A arrecadação dos impostos, os abusos detectados na sua cobrança, e a tutela das rendas dos bens da coroa constituíam outro sector importante das tarefas daqueles magistrados. Pertencia-lhes zelar também pelo estado de conservação das estradas, pontes e edifícios públicos. Culminava o espectro radioso das competências dos corregedores o desvelo com que deviam encarar a saúde pública, tomando informação, se «as Cidades, e Villas gozão dos socorros de Medicos, Cirurgiões e Parteiras»[1]

17. A crítica sentenciosa do Conde da Ega dirigida aos magistrados portugueses

A degradação da situação político-social do País motivou que desabasse sobre os magistrados uma acerbissíma objurgatória, com a chancela do Conde da Ega, conselheiro do governo e encarregado da Repartição da Justiça. A voz do Conde da Ega trovejou em 1 de Agosto de 1808.

O documento começava por recordar aos magistrados o voto de conservação das leis e costumes portugueses. Aliás, vaticinava-se um nítido progresso do direito pátrio, muito à conta dos poderosos contributos doutrinais e legislativos provenientes de além--fronteiras. Nesta linha se inseriam, como não se ignora, a súplica de uma Constituição e a eventual aplicação do Código Civil francês em Portugal. As palavras do Conde da Ega não podiam ser mais esclarecedoras: «Nós tinhamos esperanças bem fundadas de sermos

---

[1] Ver os artigos VII a IX do Decreto de 2 de Abril de 1808.

felizes: as nossas Leis, os nossos Privilegios, e os nossos Costumes se guardavam, e mantinham; alguns defeitos, e abusos, que seria indispensavel emendar, se iriam pouco e pouco destruindo, até que hum novo Codigo, que o Systema seguido por toda a Europa tem feito necessario, e no qual vós mesmos, ha annos trabalhaveis, acabasse de aperfeiçoar a nossa Legislação».[1] O anúncio do sopro modernizador que atingiria o direito português em função do movimento codificador europeu encerra, sem dúvida, um enorme significado, além de que patenteava o facto de os juristas nacionais não se encontrarem dissaboreados das correntes que marcavam a evolução do direito no Velho Continente.

A violenta diatribe que se dirigia aos magistrados radicava no facto de, ao arrepio das benévolas expressões de gratidão do imperador, não se terem mostrado colaborantes. O tempo corria deveras ameaçador para os portugueses. O Conde da Ega espantava-se do eclodir de uma resistência popular que os juízes não tinham querido sustar. E atirava a pergunta: «que motivos vos constragêram a excitar, e promover a discordia, e a rebellião desses desgraçados Póvos, subindo o vosso indiscreto fanatismo ao enorme crime de saciardes o vosso particular rancor, fundados em principios errados do interesse público?» Daí o apelo veemente do Conde da Ega aos magistrados portugueses. Conduzidos pela razão e pelo verdadeiro patriotismo, cumpria evitar, enquanto era tempo, o precipício em que o País se despenhava. Um cenário borrascoso que só uma enorme porção de bom senso pacificador conseguiria esbater. Afinal de contas, tudo se jogava, de novo, no intencional aproveitamento político do *ius paciscendi*.

---

[1] O passo transcrito encontra-se num documento encimado pela epígrafe «Aos Magistrados, e Empregados na Administração Judicial».

18. A Contribuição Extraordinária de Guerra e as suas incidências normativas

Do púlpito legiferante de Napoleão, a medida que mais agrediu, em termos financeiros, o bolso dos cidadãos portugueses recaiu no estabelecimento de um imposto extraordinário. Tomou a designação de «Contribuição extraordinária de Guerra de cem Milhões de Francos». Criou-a o Decreto de 23 de Dezembro de 1807, promulgado pelo imperador Napoleão, no palácio real de Milão. Foi imposta sobre o Reino de Portugal, «para servir de Resgate de todas as Propriedades, debaixo de quaesquer denominações, que possão ser, pertencentes a Particulares»[1]

A arrecadação do imposto repartia-se pelas províncias e cidades do País, de acordo com o princípio da proporcionalidade da capacidade contributiva. A condução da máquina coactiva fiscal ficava entregue ao general em chefe do exército.

A providência legislativa napoleónica continha ainda uma ordem de sequestro sobre todos os bens pertencentes à rainha de Portugal, ao príncipe regente e aos outros membros da família real. O património dos fidalgos que haviam escolhido acompanhar a Corte ao Brasil ficava igualmente abrangido pela lei de sequestro. Só escapariam à violência desta medida os que se recolhessem ao Reino até ao dia quinze de Fevereiro de 1808.[2] Um regresso impossível para aqueles que tinham decidido partir.

Em consequência do Decreto de 23 de Dezembro de 1807, Junot, general em chefe do exército francês em Portugal, publicou o Decreto regulamentar de 1 de Fevereiro de 1808. O diploma

---

[1] Ver o artigo I do Decreto de 23 de Dezembro de 1807.
[1] Ver o artigo III do Decreto de 23 de Dezembro de 1807.

determinava o lançamento de uma contribuição extraordinária de guerra de quarenta milhões de cruzados sobre o Reino invadido.

A vasta base de incidência do imposto tocava as diferentes classes de pessoas e as diversas categorias de bens ou de actos jurídicos. Uma das parcelas mais valiosas, no montante de seis milhões de cruzados, devia sair do corpo mercantil, composto por negociantes, banqueiros e rendeiros, a instâncias da solícita Junta de Comércio.

A este organismo corporativo incumbia a repartição daquela volumosa parcela de imposto pela classe mercantil. Mas a que critério jurídico obedeceria a liquidação? A lei respondeu através de um bem pensado critério, com um argumento que antecipava uma faceta do moderno direito fiscal.

Foi ele o da fortuna conhecida ou presumida dos comerciantes. E só assim se cumpriria a arrecadação *pro rata*, conforme ditame legal.[1]

As mercadorias de manufactura inglesa, sendo confiscáveis pelo único facto da sua origem, produziam um valor de resgate que iria ajudar a compor o montante da contribuição extraordinária. Tratava-se de uma medida verdadeiramente sancionatória.

Por outro lado, também os comendadores das três Ordens Militares e os da Ordem de Malta, os donatários dos bens da coroa, os senhorios de casas arrendadas em Lisboa e seu termo, os proprietários de terras, as casas, os estabelecimentos comerciais e as corporações de ofícios contribuíam, em diferentes proporções, para o imposto extraordinário que Napoleão estabelecera.

Todavia, as normas mais abusivas estavam inseridas nos artigos IV a VI do Decreto de 1 de Fevereiro de 1808. Encerravam

---

[1] Ver o artigo II do Decreto de 1 de Fevereiro de 1808.

a obrigação de todo o ouro e prata pertencente, quer a igrejas, capelas e confrarias da cidade de Lisboa e seu termo, quer a igrejas, capelas e confrarias das províncias do Reino, ser entregue à administração fiscal. Apenas permaneciam nas instituições religiosas as peças de prata indispensáveis à decência do culto e, ainda assim, arroladas. Ora, o produto total do valor dos mencionados bens em metais preciosas tinha como destino ser abatido na conta da contribuição extraordinária. A significar que não se estava perante uma simples caução de imposto, mas, bem diversamente, os preceitos em causa configuravam um verdadeiro confisco.[1]

A contribuição extraordinária de guerra azou uma proliferação de leis, umas atrás das outras, para que nada escapasse à voragem fiscal. De molde a que se resolvessem prontamente as dúvidas que se suscitassem no cumprimento da lei reguladora do imposto, criou-se uma Junta, composta de quatro magistrados portugueses e o «Agente Superior das Contribuições Directas de Sua Magestade o Imperador dos Franceses»[2]

---

[1] Também os arcebispos e bispos do Reino, prelados e superiores das Ordens Religiosas, congregações regulares e seculares que possuíssem fundos e capitais postos a juro pagavam, por conta do imposto, dois terços do rendimento anual, se o rendimento não excedesse os dezasseis mil cruzados. Se o rendimento ultrapassasse tal montante, tinham de contribuir com três quartos do valor em causa. Ver o artigo VII do Decreto de 1 de Fevereiro de 1808.

[2] Todos os magistrados nomeados tinham a graduação de desembargador. Eram eles Lázaro da Silva Pereira, desembargador do Conselho Ultramarino, Lucas da Silva de Azevedo Coutinho, João de Mattos Vasconcellos Barbosa de Magalhães e João Manoel Guerreiro de Amorim Pereira, desembargadores da Casa da Suplicação.

Cabia a este órgão *ad hoc* controlar, muito vigilantemente, não só a máquina burocrática que sustentava a arrecadação do imposto, como, acima de tudo, velar pelo integral cumprimento da lei que estabelecera a odiosa receita coactiva.

Ainda em Fevereiro de 1808, a Mesa da Consciência e Ordens foi convocada para ajudar à arrecadação do imposto extraordinário no que tocasse aos comendadores das Ordens Militares. O mesmo se passava com a assembleia da Ordem de Malta. Mas a minúcia normativa contemplava, acima de tudo, o regime compulsivo da entrada na Casa da Moeda de todo o ouro e prata da Igreja portuguesa.

O apetite da administração fiscal francesa não conhecia limites. Mesmo para o imposto que incidia sobre os proprietários de casas arrendadas, a lei vinha agora alargar as suas vistas, tributando os imóveis devolutos. Neste caso, deviam contribuir com o valor de trinta por cento calculado pela cifra do anterior arrendamento. A habitação própria era ainda taxada em função da colecta da décima.[1] No fundo, o que se esquadrinhava era o alargamento da base de incidência do imposto extraordinário.

Entretanto, as ameaças de execução fiscal começaram a chover sobre os contribuintes portugueses. Denunciativo disso mesmo foi o Edital de 17 de Março de 1808 oriundo da Junta do Comércio. Pouco depois, já com outra força imperial, o Decreto de 28 de Março de 1808, saído da pena implacável do general em chefe Junot, determinava que as pessoas constituídas em mora no pagamento da contribuição extraordinária de guerra ficavam, de imediato, sujeitas ao procedimento executivo de todo o seu património. Mais. O diploma encerrava uma preferência legal absoluta

---

[1] Ver o artigo XI do Decreto de 27 de Dezembro de 1808.

no pagamento do imposto de guerra, em uma graduação super-lativa, relativamente a qualquer outra dúvida, por mais privilegiada que fosse.[1] Um triunfo judicial garantido.

19. Tentativa de periodização da legislação joanina no Brasil

De longe e de cima é que um homem pode governar os homens. Abandonemos este rosto inclemente de Napoleão em Portugal. Vamos pousar os olhos no espelho legislativo brasileiro do príncipe regente, no modo como se intensificou e refulgiu a sua pessoa naquele púlpito de uma sabedoria virada para o *agere* em possessões americanas. A partida da Corte representou um grande acontecimento. E os grandes acontecimentos modelam as suas figuras.

Ora, a um primeiro relance, não se afigura temerário supor que a história do direito brasileiro e, mais estrondosamente, a história política do Brasil teriam seguido um curso bem diferente se a Corte não houvesse estanciado em terras brasileiras. Não foi um tempo imenso, mas durou o bastante para mudar a face da ordem jurídica brasileira, avultando, no plano político, a elevação do Estado do Brasil à categoria de Reino, em consonância com os ditames da Carta de Lei de 16 de Dezembro de 1815.

Os nossos desvelos irão centrar-se na actividade legislativa joanina, desde Janeiro de 1808, altura em que a Corte aportou na Baía, até Abril de 1821, momento em que, na iminência de

---

[1] O Decreto de 5 de Abril de 1808, assinado por Junot, mostrava-se relativamente satisfeito da «exacção com que a maior parte dos Habitantes da Capital e do Reino» se prestaram ao pagamento da contribuição extraordinária de guerra.

embarcar para Portugal, D. João VI decidiu legar umas instruções para o Governo do Brasil, por Decreto de 22 de Abril de 1821.[1] Não se abordará *ex professo* o estrondear dos clamores políticos de sentido desencontrado que rodearam a saída da realeza de Lisboa. De um modo prevalecente, tentaremos entrever alguns dos alicerces da construção jurídica do Brasil.

Legislações houve e haverá sempre que se assemelham a corredores sombrios e misteriosos. Dá vontade de as repreender, de agredir essas leis, para as obrigar a dizer o seu segredo. Os diplomas joaninos encontram-se nos antípodas da situação descrita. São transparentes e compreensíveis. Entraram harmoniosamente no conjunto da paisagem nascente brasileira. Passaram a fazer parte da decoração.

Mesmo sem esquecer a ineliminável artificialidade de qualquer tentativa de periodização perante o contínuo fluir da realidade histórico-jurídica, verdadeiramente irrepresável em compartimentos temporais, somos tentados a distinguir, no processo evolutivo do direito joanino brasileiro, duas fases ou períodos fundamentais, diferentes entre si, tanto na perspectiva adoptada, como nos objectivos que se pretendiam cumprir: antes e depois de 1815. Ano da ascensão do Brasil à categoria do Reino que se convoca agora como divisória simbólica[2]. Marca o primeiro período uma extraordinária aceleração legislativa e caracteriza-se pela assombrosa predominância que assumiam as normas de

---

[1] Quanto ao contexto em que se operou o regresso de D. João VI a Lisboa, ver, por todos, PEDRO SOARES MARTINEZ, *História Diplomática de Portugal,* Lisboa, 1992, págs. 337 e segs.

[2] *Vide* ANA CRISTINA BARTOLOMEU DE ARAÚJO, *O Reino Unido de Portugal, Brasil e Algarves 1815-1822*, in «Revista de História das Ideias», vol. 14 (1992), págs. 233 e segs.

direito público. Por seu turno, o outro período que se identifica na legislação joanina denuncia um claro abrandamento do furor legislativo, acompanhado pela tentativa de aprimorar múltiplos sectores do ordenamento jurídico brasileiro. Tratava-se agora de uma legislação de largo espectro.

20. O recorte do primeiro ciclo legislativo joanino de pendor publicista

A nossa explanação vai permanecer, sobretudo, inscrita no primeiro ciclo legislativo joanino. Constitui, sem dúvida, o mais fulgurante, dominado por uma actividade febril, com o rótulo de urgente. A família real, nas suas luzidias bagagens, não trazia consigo, já preparado para o Brasil, um novo direito. A sua construção iria iniciar-se à chegada.

Das *fontes cognoscendi* inscritas no mencionado arco temporal, desvelam-se características que permitem compor os diferentes rostos da política legislativa joanina no Brasil. As faces que mais cedo se aformosearam ao sopro dos genuínos interesses brasileiros centraram-se nos domínios da legislação económica, da legislação de forte pendor político-administrativo e da legislação que reedificou a organização judiciária.

21. As leis consagradoras do princípio da liberdade económica no Brasil

O ano de 1808, na mira de tais propósitos, revelou-se de uma intensidade vertiginosa. Mal acabado de chegar à Baía, o príncipe regente, a instância das autoridades e das gentes locais das mais variadas extracções, tomou, de imediato, uma providência do maior alcance económico. Em termos legislativos, consagrou-a a Carta Régia de 28 de Janeiro de 1808 que determinou a abertura dos portos do Brasil ao comércio. Até então, por via directa, o Brasil apenas se podia relacionar comercialmente com Portugal. Com a promulgação do mencionado diploma, consentia-se a entrada, nas alfândegas brasileiras, de todos os géneros, fazendas e mercadorias vindas de fora, ainda que transportadas em navios estrangeiros. Por outro lado, numa direcção oposta, facultava-se a exportação dos vários géneros e produções coloniais sem olhar ao destino portuário, quer recorrendo a navios portugueses, quer por intermédio de navios estrangeiros.

Uma justificação segura para o impulso legislativo não se julga fácil de lobrigar. Fosse por insinuação do Visconde de Cairú, José da Silva Lisboa, fosse por instilação do governo britânico, fosse por magreza do erário régio, o ponto é que a Carta Régia de 28 de Janeiro de 1808 sacudiu o jugo económico que oprimia o Brasil.

Mas, bem vistas as coisas, cremos que a máxima imperante foi a irrefutável *res ipsa loquitur*. A realidade fala por si mesma. Com efeito, como seria possível conservar o privilégio exclusivo entre Brasil e Portugal quando o território nacional se encontrava ocupado por tropas francesas e as forças britânicas barravam a entrada no nosso país. Manter o privilégio exclusivo redundaria numa decisão traiçoeira que só beneficiaria os invasores.[1]

As amarras que constrangiam o comércio internacional brasileiro não só se esboroaram em definitivo, como se começaram a

---

[1] Para um retrato do contexto internacional em que se movia a diplomacia portuguesa, consultar MARIA CÂNDIDA PROENÇA, *A Independência do Brasil*. Relações externas portuguesas *1808/1825*, Lisboa, 1987, em especial, págs. 55 e segs.

desenhar os primeiros incentivos ao giro de manufacturas brasileiras entre nações. Sem rebuço, o Alvará de 28 de Abril de 1809 estabeleceu uma isenção tributária no tocante ao tráfego mercantil de manufacturas. Rezava assim a lei: «Todas as Manufacturas Nacionaes serão izentas de pagar Direitos alguns na sua exportação para fóra dos Meus Estados e todas as do Reino serão izentos de os pagar por entrada nos meus Dominios no Brasil». Num ostensivo voto de estímulo ao aparecimento de uma poderosa marinha mercante, a mesma lei determinou, por outro lado, a redução para metade dos direitos alfandegários que pagavam as matérias primas destinadas à construção de navios e à sua armação[1].

Retiradas as peias ao tráfego internacional, em coerência, o princípio da liberdade económica não podia sofrer estorvo no plano interno. De tal modo que o Alvará de 1 de Abril de 1808, intentando promover a riqueza nacional, decidiu remover qualquer obstáculo legal que subsistisse, no Estado do Brasil e domínios ultramarinos, ao estabelecimento de indústrias nascentes. A liberdade soava estrídula da expressiva proclama legal: «daqui em diante seja licito a qualquer dos Meus Vassalos, qualquer que seja o Paiz em que habitem, estabelecer todo o genero de Manufacturas, sem exceptuar alguma, fazendo os seus trabalhos, em pequeno ou em grande, como entenderem que mais lhes convem». Para trás ficava, sumido na escuridão de ideias económicas já sepultadas, o Alvará de 5 de Janeiro de 1785 que ordenara a destruição de todas as fábricas existentes no Brasil. Agora resplandecia, enfunado pelos novos ventos, o pavilhão da liberdade de navegação, de comércio e de indústria.

---

[1] Desfraldou ainda mais a bandeira do comércio livre o Alvará de 6 de Outubro de 1810 que concedeu significativos benefícios fiscais às indústrias brasileiras.

22. Reedificação das estruturas político-administrativas brasileiras

A transferência da sede da monarquia de Lisboa para o Rio de Janeiro implicava, forçosamente, a recomposição das estruturas político-administrativas brasileiras.[1] Desde a chegada da Corte até à promulgação da Constituição do Império do Brasil, virou quase uma regra a reprodução no Brasil, por natural semelhança, das velhas estruturas da metrópole. Pelo carácter cimeiro a que se guindavam, assumiram um papel destacado o Gabinete Ministerial, criado no Brasil, pelo Decreto de 10 de Março de 1808 e o Conselho de Estado, instituído por ordem do Alvará de 1 de Abril de 1808.

O Gabinete Ministerial no Brasil não surgiu dotado de uma elevada complexidade. Num primeiro fôlego governamental, confiaram-se as funções estaduais a um reduzido número de elementos, em que avultava a figura do Secretário de Estado dos Negócios Interiores do Reino. A seu lado, tinha os titulares das pastas dos Negócios Estrangeiros e da Guerra, e dos Negócios da Marinha e Domínios Ultramarinos. Recorda-se que, no novo governo, ocupava a pasta do Reino D. Fernando José de Portugal e Castro. Era formado em Leis pela Universidade de Coimbra e desincumbira-se já do importante cargo de vice-rei do Brasil, entre 1804 e 1806. Contribuíram para a sua escolha a confiança do príncipe regente e o vasto conhecimento da realidade brasileira que exibia[2].

---

[1] Acerca da divisão administrativa do Brasil pelos fins do século XVIII e depois da chegada de D. João ao Rio de Janeiro, ver, por todos, José Manuel Azevedo e Silva, *O Brasil Colonial*, Coimbra, 2005, pág. 48.

[2] *Vide* Joaquim Veríssimo Serão, *História de Portugal,* vol. VII, Lisboa, 1994, pág. 149.

Por seu turno, o Conselho de Estado representava um desejável amparo do rei e do Gabinete Ministerial. Constituía um órgão de natureza consultiva que ajudaria à condução de uma administração pública cada vez mais exigente. Compunham-no homens de Estado e jurisconsultos que aconselhavam o monarca no exercício dos seus amplos poderes[1].

23. O paternalismo régio no Brasil

No Estado anterior ao constitucionalismo liberal, os príncipes, possuídos pela ideia obsidente do bem público de que eram únicos intérpretes, lançavam-se, quase em delírio, numa tutela imediata de um florilégio de interesses, desde os mais significativos interesses económicos culturais ou políticos até aos aparentemente mesquinhos[2]. Uma febre de *salus publica* que, escaldando a imaginação, lhes incutia um entusiasmo furioso.

Não podiam os soberanos, na retórica oficial do tempo, deixar de ser protectores sem perderem a sua soberania. O monarca, envergando a condição de *pater patriae*, fazia servir toda a grandeza do seu real poder à felicidade dos vassalos. Um paternalismo que, aliás, marcou de forma indelével um velho filão da literatura política e jurídica portuguesa, ao ponto de pretender enlançar, por mil fios, a imagem do pai e a do rei[3]. Não escapou também

---

[1] Sobre o Gabinete Ministerial e o Conselho de Estado, ver, por todos, CESAR TRIPOLI, *História do Direito Brasileiro*, vol. II, tomo 1.º, São Paulo, 1947, págs. 75 e seg.

[2] *Vide* ROGÉRIO EHRHARDT SOARES, *Interesse Público, Legalidade e Mérito*, Coimbra MCMLV, págs. 56 e seg.

[3] A expressão *pater patriae* remonta à Roma imperial. *Vide* E. KANTOROWICZ, *Morrer pela Pátria no pensamento político medieval*, Lisboa, 1998, pág. 6.

a esta linha paternalista a legislação joanina brasileira. A título ilustrativo, não se julga necessário ir além do Alvará de 28 de Abril de 1809 em que o príncipe regente identificava, como sendo o primeiro e principal objecto do seus «Paternaes cuidados», o promover a felicidade pública dos seus fiéis vassalos.

A determinação do bem público pelo critério subjectivo do príncipe devia conduzir, de acordo com as proclamas legislativas, à prosperidade do Estado do Brasil. Resignados a uma felicidade que não impetraram, mas que não desdenhavam, os brasileiros iriam assistir a uma tremenda densificação do *agere* administrativo.

24. Lances reformadores da administração militar e da organização judiciária no Brasil

O Estado português habitava agora no Rio de Janeiro. Acariciaram o alto das colinas, que ondulavam pela administração militar, judiciária e financeira, ventos suavemente autonomizadores. Escassos meses andados depois da chegada da família real, logo se erigiu, por intermédio de um Alvará de 1 de Abril de 1808, um Conselho Supremo Militar e de Justiça. Na nova circunstância, passavam a ser da competência do Conselho Supremo Militar todos os assuntos de ordem militar que, em Lisboa, pertenciam aos Conselhos de Guerra, do Almirantado e do Ultramar. Cabia ainda ao Conselho Militar fazer subir consultas ao rei no que tocasse à economia e à disciplina, tanto no exército, como na marinha.[1]

---

[1] *Vide* Alvará de 1 de Abril de 1808, § II.

Coincidentemente, o príncipe fundava o Arquivo Militar. O Decreto de 7 de Abril de 1808 assinalava a sua principal razão suasória. Dar resposta à absoluta necessidade de reunir e conservar todos os mapas e cartas, tanto das costas como do interior do Brasil, e de outros domínios, para que servissem de base rigorosa à definição e rectificação de fronteiras, à elaboração de planos de fortalezas e ao desenho de projectos de novas estradas e comunicações.

Uma refundação da organização judiciária brasileira impunha-se a todas as luzes. A comunicação directa com a metrópole tornara-se impraticável. De caso pensado, a política legislativa joanina, em domínio tão nevrálgico, teve de abandonar qualquer recurso aos órgãos existentes em Portugal. A um tempo, apropositou-se o ensejo para afeiçoar o aparelho judiciário às específicas necessidades locais.

Os lances fracturantes mais significativos ocorreram ainda em 1808. O Alvará de 22 de Abril de 1808 criou, no Brasil, a Mesa do Desembargo do Paço e da Consciência e Ordens. Uma medida a que também não terá sido alheia uma certa economia de meios. É que, em Lisboa, os dois tribunais do Desembargo do Paço e da Mesa de Consciência e Ordens nasceram e viveram como instituições distintas e separadas. Não admira, pois, que coubesse ao tribunal de desenho joanino decidir sobre todos os assuntos cujo conhecimento era, em Portugal, da competência reservada do Desembargo do Paço, do Conselho Ultramarino e da Mesa de Consciência e Ordens de Lisboa.[1] À esfera de com-

---

[1] De enorme relevo prático mostrou-se também o Alvará de 12 de Maio de 1809, dado no Rio de Janeiro, que regulamentava o que deviam levar de emolumentos o presidente, deputados, escrivão da câmara e oficiais da secretaria do Tribunal da Mesa da Consciência e Ordens.

petência do tribunal, acrescentavam-se a resolução dos casos que se decidiam até então na Mesa do Desembargo do Paço da Relação do Rio de Janeiro. Salienta-se que o primeiro presidente da Mesa do Desembargo do Paço no Brasil foi o Marquês de Angeja, o que significava uma recondução de funções relativamente ao cargo idêntico que já vinha desempenhando em Lisboa.[1]

Verdadeiramente o que, a nível judiciário, coroou a emancipação brasileira foi o estabelecimento da Casa da Suplicação do Brasil. Nos termos do Alvará de 10 de Maio de 1808, guindava-se à condição de supremo tribunal de justiça, «para se findarem alli todos os pleitos em ultima Instancia, por maior que seja o seu valor».[2] De feição que, exceptuando o recurso de revista, das sentenças proferidas pela Casa da Suplicação do Brasil não cabia recurso algum. Em prol da segurança jurídica no Brasil, tais sentenças, *in terminis terminantibus*, transitavam em julgado.

O proémio da lei fundacional exibia uma esplêndida clareza, alicerçada numa sólida teia argumentativa. Muito convinha ao bem comum dos súbditos brasileiros que a administração da justiça não experimentasse embaraços, retardando, quando não estorvando, a pronta tutela da segurança pessoal dos cidadãos e do sagrado direito de propriedade. Soava a uma inevitabilidade o aparecimento de um supremo tribunal brasileiro, uma vez que, encontrando-se interrompida a comunicação com Portugal, haviam-se tornado impraticáveis os agravos ordinários e as apelações que se interpunham para a Casa da Suplicação

---

[1] Assim o determinou a Carta Régia de 25 de Abril de 1808. *Vide* CÂNDIDO MENDES DE ALMEIDA, *Auxiliar Jurídico. Apêndice às Ordenações Filipinas*, vol. II, Lisboa, 1985, pág. 779, nota 3.

[2] *Vide* Alvará de 10 de Maio de 1808, § I.

de Lisboa.[1] A incerteza na decisão dos pleitos afigurava-se intolerável. Mas o Alvará de 10 de Maio de 1808 guardaria para o fim um retumbante argumento político. Erigir uma Casa da Suplicação no Brasil constituía, no fundo, um reflexo de o rei se achar a residir no Rio de Janeiro, cidade que se devia por isso considerar a verdadeira Corte e, por conseguinte, capital jurídica.

O novo mosaico judiciário brasileiro recebeu ainda a incorporação de duas novas e preciosas instituições. Em mente temos a Relação de S. Luís do Maranhão, que conheceu a luz do dia em 1812 e a Relação de Pernambuco, legalmente erigida em 1821. Quanto à magistratura singular, pode asseverar-se, sem rebuço, que a legislação joanina fez proliferar, em muitos recantos do Brasil, os chamados juízes de fóra. A disseminação dos magistrados de nomeação régia em detrimento dos juízes electivos era denunciativo de um propósito confesso de aperfeiçoar a administração da justiça e de garantir um maior zelo na observância da lei pátria.

25. O novo figurino legal das finanças públicas brasileiras

Um outro domínio em que se recortou um figurino administrativo à medida brasileira foi o da organização das finanças públicas. As peças fulcrais da reforma modelou-as normativamente o Alvará de 28 de Junho de 1808. A *voluntas legislatoris*, em desvelada preocupação com as instantes necessidades de uma

---

[1] Tanto assim era que, nos termos do § II do Alvará de 10 de Maio de 1808, os agravos ordinários e as apelações do Pará, Maranhão, Ilhas dos Açores e Madeira, e da Relação da Baía passaram a ser interpostos para a Casa da Suplicação do Brasil.

administração fiscal desenvolta e eficaz, própria de uma capital do Império, manifestou-se através da redução a uma única *jurisdictio* de todos os assuntos pertencentes à fazenda real e que, no passado, dependiam das jurisdições, voluntária e contenciosa, exercidas pelas juntas da fazenda e da revisão da dívida passiva da capitania do Rio de Janeiro.

O Alvará de 28 de Junho de 1808, do mesmo passo que aboliu as juntas da fazenda e revisão, criou, no Brasil, um Erário Público ou Tesouro Real, dotado do leque de competências que a Carta de Lei de 22 de Dezembro de 1761 atribuíra ao Real Erário de Lisboa.[1] Não se afigura desprezível salientar que, *ex vi legis*, o método de escrituração e de formulação contabilística devia seguir a escrituração mercantil por partidas dobradas. Representava uma providência imperativa para expurgar das contas públicas o arbítrio dos contadores, colocando a contabilidade pública brasileira a par do modelo consagrado pelas nações mais polidas e civilizadas da Europa.[2]

Com sede no Rio de Janeiro, a mesma lei ergueu, à imagem de Portugal, um Conselho da Fazenda. Tratava-se de um tribunal especial que dirimia litígios inscritos, de forma precípua, na área da arrecadação das rendas e direitos da coroa. A sua competência territorial abrangia o Estado do Brasil, as Ilhas dos Açores e da Madeira, Cabo Verde, S. Tomé e outros domínios situados na África e na Ásia.[3] Uma imensa vastidão que, doravante, em matéria de justiça fiscal, ficava a depender de um tribunal instalado no Rio de Janeiro. O império português começava a girar em torno no Brasil.

---

[1] Acerca dos elementos que compunham a direcção do Erário Régio, ver o Alvará de 28 de Junho de 1808, título I, § II.

[2] *Vide* Alvará de 28 de Junho de 1808, título II, § I.

[3] *Vide* Alvará de 28 de Junho de 1808, título VI, § I.

26. A Décima brasileira no desenho do Alvará de 27 de Junho de 1808 e do Alvará de 3 de Junho de 1809

A modernização do sistema de tributação no Brasil ocupou também o espírito do príncipe regente. A novidade de mais retumbante significado residiu na aplicação do imposto da décima sobre os prédios urbanos existentes nos domínios ultramarinos. Vejamos em que termos e quais as vantagens que, em matéria de justiça fiscal, o Alvará de 27 de Junho de 1808 associou ao estabelecimento do tributo da décima.

Do ângulo da lei, o imposto da décima que, bem vistas as coisas, se assemelhava a uma verdadeira contribuição predial urbana, avantajava-se por obedecer ao princípio da igualdade fiscal. Concretizava-se na generalidade e na uniformidade da décima. Generalidade significava que todos os súbditos se encontravam adstritos ao pagamento do imposto, sem distinção de classe, de ordem, ou de raça. A uniformidade decorria do tributo assentar numa repartição que obedecia ao mesmo critério, ou seja, a um critério idêntico para todos.

No registo claro do Alvará de 23 de Junho de 1808, «o imposto da Décima nos Prédios tem a vantagem de ser o mais geral, e repartido com mais igualdade, pois que pagando-o por fim os inquilinos, que os alugão, por lhe carregarem os donos no aluguel, e os Proprietários pelos que em que habitão, chega a todos os Meus fieis Vassallos que tem igual obrigação de concorrer para as despezas públicas». Ora, necessitando o Brasil, na hora que passava, de um incremento das receitas públicas para a sustentação de um Estado nascente, lançar mão do imposto predial da décima envolvia do mesmo passo uma tributação mais cómoda e justa, com a menor vexação possível do contribuinte.

Além disso, a lei exibia um argumento de política fiscal bem ostensivo. Tributar o rendimento dos prédios urbanos envolvia a opção de não agravar fiscalmente a agricultura que se reputava o verdadeiro e «o mais inexgotavel manancial de riqueza dos Estados».

Deviam pagar o imposto os proprietários de todos os prédios urbanos, que estivessem em estado de serem habitados, sitos na Corte e nas restantes cidades, vilas e lugares notáveis, localizados à beira-mar, no Estado do Brasil. A lei fornecia, inclusive, o conceito de prédio urbano para efeitos fiscais. Seriam considerados prédios urbanos todos aqueles que, segundo as demarcações da Câmara respectiva, fossem compreendidos nos limites das cidades, vilas e lugares notáveis.[1]

Ainda assim, porém, a lei acolhia duas importantes isenções tributárias. Via de regra, os prédios urbanos dos diversos domínios ultramarinos pagavam também, anualmente, à fazenda real dez por cento do seu rendimento líquido, exceptuando os imóveis localizados na Ásia pela decadência e ruína em que se achavam. Por outro lado, os prédios urbanos pertencentes às Santas Casas das Misericórdias, «pela piedade do seu instituto», beneficiavam, outrossim, da merecida isenção.

Em todas as cidades, vilas e lugares notáveis, criava-se uma Junta da Décima, com uma interessante composição. Integravam--na dois juízes do crime, um escrivão, dois homens bons, um nobre e um outro do povo, dois carpinteiros, um pedreiro e um fiscal, que deveria ser um advogado. A lei teve, com certeza, no seu espírito, um princípio de igualdade e de controlo recíproco entre os seus membros, no tocante aos procedimentos adminis-trativos adoptados na arrecadação do imposto. A diversa extracção dos elementos que compunham a Junta asseguraria esse desígnio.

---

[1] Ver o artigo II do Alvará de 23 de Junho de 1808.

Volvido algum tempo, o Alvará de 3 de Junho de 1809 veio alargar a base de incidência do imposto. Entendia agora que, diante da premente necessidade de receitas fiscais, não se podiam excluir da tributação da décima os prédios situados «fóra de beira mar, e nas capitanias interiores». Por conseguinte, a lei alargava o imposto da décima a todos «os Prédios Urbanos das Cidades, Villas e Lugares notáveis deste Estado, e Dominios Ultramarinos, sejão, ou não situados á beira mar». Conservaram-se as isenções respeitantes aos imóveis da Ásia e aos bens inscritos no património das Misericórdias.

27. Uma Junta de Comércio no Brasil

A reprodução de instituições jurídicas metropolitanas no Brasil não ficou por aqui. Dado o seu relevo na vida mercantil brasileira, não seria admissível omitir a «Real Junta do Commecio, Agricultura, Fabricas, e Navegação deste Estado, e Dominios Ultramarinos», fundada pelo Alvará de 23 de Agosto de 1808. Uma vez mais, transportava-se para o Brasil um estabelecimento talhado à imagem e semelhança da Junta do Comércio que fora criada, em Lisboa, por D. José.[1]

Bem vistas as coisas, o Brasil experimentava a existência pioneira de um tribunal de comércio, cuja competência compreendia os processos que se instaurassem num florilégio de

---

[1] Sobre Junta do Comércio lançada em Lisboa pelo Decreto de 30 de Setembro de 1755 e cujos estatutos foram promulgados em 16 de Dezembro de 1756, ver RUI DE FIGUEIREDO MARCOS, *As Companhias Pombalinas. Contributo para a História das Sociedades por Acções em Portugal*, Coimbra, 1997, págs. 303 e segs.

domínios. Inscreviam-se na sua alçada as matérias relativas ao trato mercantil terrestre e marítimo, à agricultura, à industria e à navegação. Ao tribunal reservava-se ainda um papel preponderante na elaboração da legislação comercial, porquanto podia fazer subir por consulta todos os projectos de lei que entendesse serem favoráveis à melhoria dos objectos em que superintendia. Tudo a bem do Estado brasileiro.

À guisa de complemento da Junta do Comércio do Rio de Janeiro e configurados em harmonia com o velho Alvará de 16 de Novembro de 1771, eis que, vindos do passado, irromperam três juízes tutelares do comércio no Brasil.[1] Aludimos ao superintendente dos contrabandos, ao juiz dos falidos e ao juiz conservador dos privilegiados.[2] Todos eles deviam afivelar a máscara de juízes desembargadores da Casa da Suplicação e, em obediência à imprescindível celeridade das decisões judiciais no foro mercantil, os processos eram verbais e sumaríssimos.

28. A Fundação do Banco do Brasil e os traços societários inscritos no Alvará de 12 de Outubro de 1808

Uma incursão autónoma reclama-a, sem dúvida, a fundação do Banco do Brasil e o Alvará de 12 de Outubro de 1808 que o justificou, antes de tudo, com a necessidade de criar um banco nacional na capital, para animar o comércio e promover os interesses reais e públicos. Estimular o giro de espécies cunhadas,

---

[2] Assim o determinaram o Alvará de 14 de Agosto de 1809 e o Alvará de 13 de Maio de 1810.

[3] Sobre a criação de tais magistraturas em pleno consulado pombalino, ver RUI DE FIGUEIREDO MARCOS, *A Legislação Pombalina. Alguns aspectos fundamentais*, Coimbra, 2006, págs. 216 e segs.

bem como reunir capitais ociosos e isolados, em ordem, designadamente, ao possível financiamento de despesas públicas constituíam propósitos ostensivos do Banco do Brasil.

Com o início da actividade do banco, extinguia-se, no Rio de Janeiro, o chamado Cofre do Depósito. Doravante, qualquer depósito, fosse ele judicial ou extrajudicial, de prata, ouro, jóias ou dinheiro far-se-ia na nova instituição bancária. Outrossim se impunha que os empréstimos a juro se realizassem unicamente através do banco.

Um formidável privilégio legal se outorgava ao Banco do Brasil. Consistia na obrigação dos «Bilhetes do dito Banco Publico pagaveis ao portador, ou mostrador á vista» serem recebidos como dinheiro em todos pagamentos efectuados à fazenda real. Estávamos aqui perante uma prerrogativa que conduzia a um curso forçado.

Não se julga destituído de sentido admitir que tal providência se tenha inspirado na legislação pombalina. Senão vejamos. Os bilhetes do banco passaram a ser meios de pagamento, embora no horizonte das dívidas à fazenda. Ora, o Alvará de 21 de Junho de 1766 advertira que as acções das grandes Companhias pombalinas, designadamente as do Grão Pará e Maranhão e de Pernambuco e Paraíba, representavam as quantias líquidas dos respectivos valores. As acções acabavam por cumprir as funções da moeda, uma vez que circulavam como dinheiro líquido. O mais entusiasmante do ponto de vista jurídico é que o poder liberatório dos títulos, que o Alvará de 21 de Junho de 1766 reconhecera, implicava o afastamento de uma eventual recusa em os aceitar na realização de pagamentos.[1]

---

[1] Convirá não esquecer, porém, que, em golpe de inflexão, o Alvará de 30 de Agosto de 1768 e o Alvará de 23 de Fevereiro de 1771 excluíram a

Com a lei de instituição do Banco do Brasil, baixaram os respectivos estatutos assinados por D. Fernando José de Portugal, Secretário de Estado dos Negócios do Brasil. Os estatutos do Banco do Brasil têm passado despercebidos aos olhos dos estudiosos. Um apagamento que a história do direito das sociedades por acções não pode consentir.

No cotejo com o modelo societário proeminente no século XVIII em Portugal, o figurino jurídico do Banco do Brasil sustenta um confronto vitorioso. Os aspectos em que se avantajava eram múltiplos. Desde logo, uma definição clara do princípio da responsabilidade limitada. Os accionistas não respondiam «por mais cousa alguma acima do valor da entrada».[1] O capital social do Banco compunha-se de mil e duzentas acções, de um conto de réis cada uma, salvaguardando-se a possibilidade de futuros aumentos de capital. A nomenclatura e o engenho do direito das sociedades não cessavam de evoluir. Por ditame estatutário, constituía-se, no Banco do Brasil, um fundo de reserva que acumularia a sexta parte do que tocasse a cada acção.[2] Desaparecia assim a velha técnica do principal acrescentado que funcionara como fundo de reserva.

Mas onde a novidade faíscava com maior cintilância era na administração da sociedade. Como não se desconhece, o antigo modelo de governo das grandes sociedades portuguesas por acções

---

força liberatória das acções. *Vide* Rui de Figueiredo Marcos, *Apontamento histórico sobre a aquisição de acções próprias em Portugal. Da fantasia prática à magia do legislador,* in «Estudos em homenagem ao Prof. Doutor Raúl Ventura», Coimbra, 2003, págs. 271 e segs.

[1] Veja-se o artigo III dos «Estatutos para o Banco Publico, Estabelecido em virtude do Alvará de 12 de Outubro de 1808».

[2] Estipulava-o o artigo XIX dos Estatutos do Banco do Brasil.

fazia concentrar o poder na chamada «Junta». Tratava-se do único órgão social existente. Dirigia e controlava a sociedade numa intencional confusão de atribuições, emitindo as suas ordens em sobranceira indiferença acerca da vontade dos accionistas.

Num lance progressivo e porventura inédito no nosso país, os estatutos do Banco do Brasil previam uma assembleia geral formada por quarenta dos seus maiores capitalistas, uma junta de dez e uma directoria constituída por quatro dos mais hábeis entre todos. Embora o Banco do Brasil admitisse sócios portugueses e estrangeiros, só podiam integrar a assembleia geral associados portugueses. Uma espécie de reserva patriótica.[1]

Um direito dos sócios que veio a lograr uma decisiva reponderação foi o direito do voto. Ao contrário do recorte legislativo setecentista em Portugal que afirmara o princípio do voto único, o Banco do Brasil acatou a tese oposta da proporcionalidade, embora com um travão. Para que um sócio dispusesse de direito de voto deliberativo, devia possuir, pelo menos, cinco acções. E quantas vezes prefizesse o dito computo, tantos votos teria na assembleia geral. Mas com um limite intransponível. Nenhum dos sócios, fosse por que motivo fosse, podia reunir em si próprio mais do que quatro votos. Em contraste com o passado societário português, forjava-se agora um panorama menos desfavorável aos sócios no que tocava à possibilidade de influir nos destinos da sociedade. Ainda assim, porém, o enlevo dos sócios pelos estatutos do Banco do Brasil decerto luziria apenas aos olhos dos ricos titulares das grandes participações accionárias que seriam, do mesmo passo, os senhores da maioria dos sufrágios.

---

[1] Sobre o que se acaba de assinalar, ver os artigos IX e X dos estatutos do Banco do Brasil.

29. A instauração da Ordem de Torre e Espada em feição brasileira

Punir e castigar bem como distinguir e premiar constituíam esplêndidos atributos da monarquia. Numa altura em que caíram sobre peito digno dos portugueses frias e musgosas pedras, em que se escutaram ruídos de inquietude, o príncipe regente D. João resolveu engrandecer a estimação pública de alguns, condecorando-os. Era, antes de tudo, um gesto de reconhecimento.

Fê-lo, instaurando e renovando a Ordem da Torre e Espada, através da Carta de Lei de 29 de Novembro de 1808[1]. Convirá explicar a formulação legal e o respectivo argumento histórico de interpretação. As diversas Ordens de Cavalaria existentes em Portugal não se ajustavam a uma nova atmosfera honorífica que se pretendia implantar.

As velhas Ordens Militares a que se haviam coligado instituições e cerimónias religiosas não quadravam, designadamente, aos estrangeiros de credos diversos que se afiguravam merecedores de distinção. Ora, o príncipe desejava celebrar, através de o derramar de honras, o extraordinário acontecimento de ter aportado felizmente a uma preciosa parcela do seu Império, cujas riquezas a natureza prodigalizou e que a liberdade de comércio prometia avantajar aos olhos da régia consideração.

Sem rodeios, D. João visava premiar os notáveis serviços de alguns estrangeiros de nacionalidade inglesa, que o acompanharam, com visível zelo, na sua viagem. Ora, a única Ordem puramente política de instituição portuguesa estabelecera-a

---

[1] Assinale-se que a Carta de Lei de 29 de Novembro de 1808 foi objecto do Alvará de declaração de 23 de Abril de 1810.

D. Afonso V, em 1459, com o título de Ordem da Espada. Da sua natureza decorria o voto claro do príncipe.

Recebeu a designação de Ordem da Torre e Espada. E com a sua renovação, preenchiam-se «os poderosos, e uteis fins de assignallar o feliz acontecimento da salvação da Monarquia, e da prosperidade, e augmento deste Estado do Brasil, e de premiar tambem aquelles Meus Vassalos, que preferirão a honra de acompanhar-Me a todos os seus interesses, abandonando-os para terem a feliz dita de me seguirem». A concessão da Torre e Espada destinava-lhe àqueles que se tivessem destacado por acções de alta valia, quer na carreira militar, quer em cargos políticos, quer ainda na vida civil. Evidentemente que ficava reservada ao arbítrio régio o juízo acerca do teor dos serviços que mereceriam tamanha recompensa.

Não assumia apenas um cariz prestigiante a recompensa. Podia englobar a atribuição de uma tença ou a doação de uma certa porção de terras legalmente fixada. Nada de inédito. Ao longo do Antigo Regime, conquistar as insígnias, *maxime*, das Ordens Militares representava uma vistosa condecoração social, acompanhada, por vezes, de um significado assinalável no plano económico e jurídico.

A Ordem de Torre e Espada foi esquadrinhada para o contexto específico do Brasil. Mas a simples condecoração que fazia ascender um nome aos cumes de difícil acesso onde os ventos transportam a fama não esgotava a pretensão do regente. Ia para além do plano individual retributivo. Ao príncipe interessava, acima de tudo, ornar um séquito de servidores em terras brasileiras. Ainda não afeitos a tais distinções, era um expediente, a um tempo, cómodo e cintilante, de os agregar e de os unir em torno do monarca reconhecido. Não admira, pois, que uma vertigem agraciadora tenha andado à solta no Rio de Janeiro.

30. O largo espectro da polícia à medida da administração interna brasileira

No Brasil joanino, cresceu, em esplendor, o âmbito da polícia ao compasso da administração interna do despotismo iluminado e do seu intenso programa. Uma administração pensada, no leque crescente de temas e de intervenções que abergava, não no sentido contemporâneo que a entende como uma das actividades do Estado desenvolvidas ao abrigo da função legislativa, mas em termos de a identificar globalmente com a política interna do príncipe, serventuária, por dever de oficio, dos superiores interesses do País.[1]

O soberano esclarecido absolutisava-se na condição ímpar de funcionário superlativo. Nos escritos nacionais, não se detectam rasgos inovadores.[2] A polícia persistia em tocar de perto aquilo que respeitava à elevação do nível de vida material e espiritual dos vassalos, os quais experimentavam uma ventura não rogada.[3]

---

[1] *Vide* PIERANGELO SCHIERA, *A polícia como síntese de ordem e de bem--estar no moderno Estado centralizado* in «Poder e Instituições na Europa do Antigo Regime», Lisboa, 1984, pág. 312.

[2] *Vide* RICARDO RAYMUNDO NOGUEIRA, *Prelecções de Direito Pubblico Interno de Portugal*, in «O Instituto», vol. VII (1858), pág 153.

[3] Chegou-se a observar que nenhuma palavra em leis e escritos eruditos teria um significado tão incerto como precisamente o termo *Polizei*.

O certeiro comentário pertence ao publicista do século XVIII Johann Jacob Moser em *«Von der Landeshoheit in Policey-Sachen»*, Franckfurt und Leipzig, 1773. *Vide* FRANZ-LUDWIG KNEMEYER, *Polizeibegriffe in Gesetzen des 15. bis 18. Jahrhunderts. Kritische Bemmerkungen zur Literatur über die Entwicklung des Polizeibegriffs,* in «Archiv des öffentlichen Rechts», vol 92 (1967), pág. 155. Acerca da vida e da obra J. J. Moser, ver, por todos, MICHAEL STOLLEIS, *Geschichte des öffentlichen Rechts in Deutschland,* vol. I (1600-1800), München, 1988, págs. 258 e segs.

Havia como que um aproveitamento profano de conteúdos morais e religiosos.

A noção de polícia que ao tempo imperava resplandecia, de modo exuberante, na política legislativa joanina no Brasil.[1] Delamare, o pioneiro tratadista da matéria, esculpia um sentido de polícia que visava o bem comum e a felicidade do homem. A realização integral desta última dependia do acesso a três espécies de bens: os bens da alma, os bens do corpo e os bens de fortuna.

Era, em decorrência de tal classificação, que Delamare arrumava as matérias ao longo do seu *Traité de la Police*. Relativamente aos bens da alma, aqueles cuja privação atraía as trevas ao espírito, abordava a religião e os costumes. Na perspectiva dos bens do corpo, a míngua dos quais abandonava o homem ao sofrimento, encarava as leis respeitantes à saúde, aos víveres, ao alojamento, à comodidade das artérias públicas e à segurança da vida. Assuntos como o comércio, as manufacturas e as artes mecânicas mereciam também cuidadosa atenção, pois constituíam meios de aceder aos bens de fortuna, libertando assim o homem da inquietude que a sua carência provocava. As ciências e as artes liberais formavam uma categoria especial que o autor expressamente incluía nos bens da alma.[2]

---

[1] Sobre o conceito de polícia, consultar MARCELLO CAETANO, *Manual de Direito Administrativo*, tomo II, Coimbra, 1990, 10.ª ed. (3.ª reimp.), págs. 1145 e segs.; e FERNANDO ALVES CORREIA, *O Plano Urbanístico e o Princípio da Igualdade*, Coimbra, 1989, págs. 118 e segs., nota 73.

[2] *Vide* NICOLAS DELAMARE, *Traité de la Police, où l'on trouvera l'Histoire de son Etablissement, les Fonctions et les Prerrogatives de ses Magistrats, toutes les Loix et tous les Reglements qui la concernent, Paris, chez Michel Brunet*, MDCCXXII, 2.ª ed., tomo I, prefácio, págs. 2 e segs.

31. As leis brasileiras do príncipe regente e os bens da alma

A legislação joanina não descurou nenhuma das três espécies de bens. Nos da alma, inseria-se a religião. Esta surgia como um dos principais objectos da polícia e revelar-se-ia o único se os seus destinatários acatassem os deveres que ela impunha. De tal maneira que a observância dos preceitos religiosos desagravava as outras componentes da polícia. Ao invés, *Religio turbata, Politiam turbat.*

Ora, num salto ao plano espiritual do príncipe regente, avulta o Alvará de 15 de Junho de 1808, através do qual se condecorou a Sé Catedral do Rio de Janeiro, com o título e dignidade de Capela Real. Do mesmo passo foi dotada de um florilégio de prerrogativas. Tudo em prol da maior decência e esplendor do culto divino e glória de Deus, em cuja providência omnipotente o príncipe confiava no sentido de «melhorar a sorte dos meus Vassalos na geral calamidade da Europa».[1]

Mas a Capela Real encontrava-se numa situação de penúria patrimonial. Despojada de rendimentos próprios, via-se na impossibilidade de assegurar um digno culto divino. Não hesitou, pois, o príncipe regente em determinar que, em todas as igrejas das Ordens que se provessem no Estado do Brasil e domínios ultramarinos, se arbitrasse uma pensão proporcional à respectiva capacidade contributiva para a sustentação da Capela Real. Uma prescrição legislativa que devia correr através da Mesa de Consciência e Ordens.[2]

---

[1] Em causa estava também a observância do antiquíssimo costume de manter «junto ao Meu Real Palacio huma capella Real», para maior comodidade e edificação da família real. Ver o preâmbulo do Alvará de 15 de Junho de 1808.

[2] Assim o impunha o Alvará de 20 de Agosto de 1808.

Ao príncipe pertencia velar, constantemente, para que à alma não faltasse o respiro da cultura. É conhecida a ternura que o regente dispensou à arte musical.[1] Destacados cantores e executantes solenizaram as cerimónias religiosas na Capela Real.

Os bens de cultura que a munificiência régia veio a derramar no Brasil abrangeram um largo espectro. Nasceu a Real Academia Militar, onde se professava um curso completo de ciências matemáticas e de ciências de observações. Surgiu a Academia das Belas-Artes do Brasil, onde se ensinava pintura, desenho, escultura e gravura. O Rio de Janeiro viu ainda nascer a Real Biblioteca e o Real Teatro de S. João.

Para o mundo jurídico, uma instituição que assumiu uma decisiva preponderância foi, sem dúvida, a imprensa régia. Tratou-se de um estabelecimento inédito na história dos domínios ultramarinos portugueses. E que logrou obter um retumbante significado. Desde logo, no domínio do princípio da publicidade das leis, de tão difícil cumprimento em terras de além-mar.

O Decreto de 13 de Maio de 1808 fundou a «Impressão Regia». Os prelos que existiam no Rio de Janeiro estavam destinados à Secretaria de Estado dos Negócios Estrangeiros e da Guerra.[2] Instado pela necessidade, o príncipe regente resolveu colocar essa maquinaria ao serviço da nova casa impressora. Em boa hora o fez para o direito brasileiro. É que, na «Impressão Regia», passavam a imprimir-se, em regime de exclusividade, «toda a legislação, e Papeis Diplomaticos, que emanaram de

---

[1] No que respeita à actividade musical na Corte do Rio de Janeiro, ver JORGE PEDREIRA/FERNANDO DORES COSTA, *D. João VI, Lisboa,* 2006, págs. 253 e seg.

[2] Trata-se de uma informação contida no Decreto de 13 de Maio de 1808.

qualquer Repartição do meu Real Serviço». A imprensa régia abria-se também à possibilidade de publicar quaisquer outras obras. Deste lance fundacional extraía-se um voto lúcido no enriquecimento da cultura brasileira. Novas ideias saltariam, amiúde, dos livros impressos para o debate público.

32. Os bens do corpo encarados pelo prisma da saúde pública e do direito farmacêutico brasileiro

A vertente da polícia, encarada como «subsistance pour le corps» de acordo com a expressão utilizada pelo renomado publicista Claude Fleury, que englobava as necessidades vitais, a saúde e as comodidades, não foi esquecida no Brasil. Pense-se na Escola Médico-Cirúrgica estabelecida no Rio de Janeiro para instrução dos que se destinavam ao exercício da arte e que, depois, se anexou ao Hospital Militar.

Não menor significado tivera a criação do «Fysico Mór, e Cirurgião Mór do Reino, Estados, e Domínios Ultramarinos».[1] Na mira de conservar a saúde pública, evitando a propagação de doenças contagiosas, cumpre destacar a figura do provedor-mor da saúde e Corte do Brasil.

Da cuidadosa preparação dos medicamentos dependia também a saúde pública. Nessa linha se inscreveu o Alvará de 5 de Novembro de 1808. À imagem da «Farmacopeia Geral do Reino», importava fixar os preços dos remédios no Brasil. Deveras interessante revelava-se a norma que proibia aos boticários os

---

[1] Consulte-se, a este propósito, o Alvará dado no Rio de Janeiro em 23 de Novembro de 1808.

abatimentos na soma das receitas.[1] Um preceito que, ao invés do que se suporia, nada tinha a ver com uma ideia de defesa da concorrência. A obrigação de os boticários venderem os medicamentos aos preços determinados no regimento legal radicava no facto de os descontos facilmente originarem substituições dolosas e faltas essenciais na composição dos remédios.[2] Adulterações que poderiam causar grave dano à saúde dos súbditos brasileiros.

Dentro da mesma racionalidade, prescrevia-se um aumento compulsivo dos preços dos medicamentos para os boticários do interior do Brasil que ficavam a grandes distâncias dos portos de mar. O transporte por terra encarecia o preço dos medicamentos, pelo que os boticários eram obrigados a pedir pelos remédios mais uma quinta parte dos preços fixados legalmente.

Não se esqueça, porém, que o preço dos medicamentos estava sujeito a uma revisão anual. Desenhava-se, por fim, uma norma curiosa em clara defesa do consumidor. Traduzia-se no dever de os boticários mostrarem, sempre que instados pelos consumidores, o regimento que fixava legalmente o preço dos medicamentos.[3] Sem dúvida, uma norma de uma surpreendente modernidade.

O universo da polícia de modo nenhum prescindia dos bens de fortuna. Daí o empenho colocado por D. João VI no florescimento da mercancia. Do mesmo passo não descuidava o papel essencialíssimo da indústria na prosperidade da ordem económica brasileira.

---

[1] *Vide* Alvará de 5 de Novembro de 1808, § I.

[2] Em razão de presumida má fé, os boticários que praticassem os tais abatimentos seriam condenados a pagar o dobro dos descontos realizados.

[3] Consulte-se o Alvará de 5 de Novembro de 1808, § VI.

33. O *ius politiae* perante o fenómeno da criminalidade

A névoa do *ius politiae* adensava-se especialmente sobre o direito criminal. O príncipe regente, convocando o modelo pombalino, resolveu criar, por Alvará de 10 de Maio de 1808, o lugar de «Intendente Geral da Policia da Corte, e do Estado do Brasil», com o exacto poder de *iurisdictio* de que gozava o congénere lisboeta, nos termos dos Alvarás de 25 de Junho de 1760 e de 15 de Janeiro de 1780.

Para compreender o alcance da transposição legislativa entre continentes, vale a pena recordar alguns traços do figurino da Intendência Geral da Polícia, saído do Alvará de 1760. Não abdicando de medidas punitivas, amaciava as asperezas indóceis num clima de pedagógica prevenção. Um intuito que não se disfarçou. Esperava-se da Intendência Geral da Polícia que, uma vez separada da jurisdição contenciosa, se aplicasse zelosamente a evitar «desde os seus princípios e causas», as ofensas à tranquilidade pública.

De acordo com a Lei de 25 de Junho de 1760, o Intendente Geral da Polícia desfrutava de uma ampla e ilimitada jurisdição, «na materia da mesma Policia», sobre todos os ministros criminais e civis. Deviam os ministros dar conhecimento ao Intendente Geral de tudo o que respeitasse à tranquilidade pública. Ficavam, sob a alçada do Intendente Geral, os crimes de «armas prohibidas, insultos, conventiculos, sedições, ferimentos, latrocinios, mortes; e bem assim todos os mais delictos, cujo conhecimento por Minhas Ordenações e Leis Extravagantes, pertence aos Corregedores, e Juízes do Crime dos Bairros de Lisboa...».

A qualquer delito cometido na Corte, seguia-se um procedimento rápido e expedito. Importa assinalar o desvelo com que o legislador pombalino procurou erigir uma espécie de carta criminal da cidade de Lisboa, funcionando, a bem dizer, como alfobre de informacões pessoais ou registo de polícia. Assim, cada um dos ministros de bairro teria um livro de registo ou matrícula, em que descrevia todos os moradores do seu bairro, com meação obrigatória da profissão, modo de viver ou de subsistência de cada um deles. Um autêntico *dossier* de personalidade. Chegavam a tirar-se informações particulares, quando fosse necessário alcançar um perfeito conhecimento dos homens ociosos ou libertinos, focos potenciais de criminalidade e fazia-se deles anotação separada. Cópias dos registos eram enviadas ao Intendente Geral da Polícia, com indicação das pessoas suspeitas.

Cautelarmente, ninguém podia arrendar casa a homens vadios, mal procedidos, jogadores de oficio, aos que não tivessem modo de viver conhecido, ou aos que exibissem costumes escandalosos. Para que, de um momento para o outro, não se perdesse o rasto das pessoas, a lei impunha que todos os inquilinos que mudassem de residência deviam dar parte ao ministro do bairro, não só da sua intenção de partir, mas também do local da sua nova morada. Como prova do cumprimento do dever de apresentação, recebiam um «Bilhete do respectivo Ministro», o qual teria de ser entregue, no prazo de três dias a contar da data da mudança de residência, ao ministro do bairro do seu novo destino, juntamente com a relação de todas as pessoas que se encontrassem, daí em diante, a viver na casa.

Do mesmo modo, os indivíduos, nacionais ou estrangeiros, que viessem a Lisboa, deviam fazer-se anunciar, em vinte e quatro horas, ao ministro criminal do bairro do seu destino, prestando-lhe uma série de informações exigidas por lei, sob pena de expulsão da capital. Os «Estalajadeiros, Taverneiros, Vendeiros», ou quaisquer outras pessoas que ajudassem nacionais ou estrangeiros obrigavam-se a proceder a uma breve indagação acerca das pessoas que houvessem recolhido, formando uma relação que, diariamente, seria entregue ao ministro criminal do respectivo bairro.

O sistema de vigilância apertava-se, ainda mais, no caso de passageiros que demandavam o porto de Lisboa, ou de viadantes que entravam no Reino pelas sua fronteiras terrestres.[1] Nem os pobres escaparam ao zelo do legislador. Entendia-se que os mendigos, quando pela sua idade e forças corporais podiam servir o Reino, não havia razão para causarem desordens e escândalo público. Por isso, a ninguém se facultava pedir esmolas na Corte, sem licença expressa do Intendente Geral da Polícia, a qual era concedida por períodos de seis meses a um ano, prorrogáveis sucessivamente, se para tanto tivesse concorrido justa causa e o pároco da freguesia da residência dos mendigos houvesse certificado que estes se confessaram e se satisfizeram ao preceito da Igreja na Quaresma precedente.

Finalmente, apontando com uma das causas que impediam a exacta observância das normas penais, o facto de as mesmas leis serem entendidas especulativamente pelas «opiniões dos Doutores juristas, as quaes são entre si tão diversas como o costumão ser os juizos dos homens», ordenava a lei de 1760, para evitar que a segurança das pessoas ficasse vacilando na incerteza das opiniões, que as suas disposições se observassem literal e exactamente, sem interpretação ou modificação alguma, que se considerava, desde logo, proibida. E, numa clara predilecção pela interpretação autêntica, sustentava que, «quando haja casos taes, que pareça que nelles conteria a dita literal observancia rigor

---

[1] Sobre a história de registo criminal em Portugal, ver ANTÓNIO MANUEL ALMEIDA COSTA, *O Registo Criminal*, Coimbra, 1985, págs. 137 e segs.

incompativel com a Minha Real, e pia equidade; tomando-se sobre elles assento, se Me farão presentes pelo Regedor das Justiças, ou quem seu cargo servir, para Eu determinar o que Me parecer Justo.[1]

34. As vastas atribuições da Intendência Geral da Polícia da Corte e do Estado do Brasil

No Brasil, à Intendência Geral da Polícia pertencia uma larga esfera de atribuições. Servia a edilidade e cumpria tarefas de natureza administrativa que tocavam o abastecimento de água ao Rio de Janeiro, a construção de pontes e calçadas, o aformoseamento da capital e a iluminação pública. Inclusivamente, a promoção colonizadora da vinda de casais açorianos, ao que se julga, relampejara na mente do Intendente Geral Paulo Fernandes Viana.

Do exercício do *ius politiae* dependia ainda a felicidade dos povos, saída da organização das grandes festas públicas. Como muito bem alvitrara o Intendente Geral do Rio de Janeiro, constituía «um dever da polícia trazer o povo entretido e promover o amor e respeito dos vassalos para com o soberano e a sua real dinastia»[2]. Além da missão precípua de frenar a criminalidade

---

[1] Sobre a Intendência Geral da Polícia, ver FORTUNADO DE ALMEIDA, *Organização político-administrativa portuguesa dos sécs. XVII e XVIII*, in ANTÓNIO MANUEL HESPANHA, *Poder e Instituições na Europa do Antigo Regime – Colectânea de Textos,* Lisboa, 1984, págs. 326 e seg.

[2] Sobre as competências e o desempenho da Intendência Geral da Polícia no Brasil, ver, por todos, OLIVEIRA LIMA, *Dom João VI no Brasil (1808--1821)*, vol. I, prefácio de OCTAVIO TARQUINIO DE SOUSA, 2.ª ed., Rio de Janeiro, 1945, págs. 240 e segs.

composta por roubos frequentes e brigas desordeiras constantes que se instalara no Rio de Janeiro, o Intendente Geral combateu a pobreza e a mendicidade, melhorando a condições de vida dos indigentes. A largueza de vistas que o Intendente Geral da Polícia do Brasil impôs a si próprio rivalizava com o entendimento europeu.

35. O modo de pensar o direito pela óptica do Regimento da Relação de S. Luís do Maranhão de 1812

Não se pode recusar a devida atenção às diferentes formas como a história foi pensando o direito. De momento, não colocaremos o nosso alvo na literatura jurídica e filosófica da época[1]. Mais modestamente, apenas se pretende retirar da legislação joanina produzida no Brasil algum vislumbre denunciativo de uma possível metamorfose na aplicação do direito.

Em exame vão estar, por serem essenciais ao esboço que se pretende oferecer, os textos normativos regimentais das Relações brasileiras. E, a este propósito, ergue-se um contraste flagrante. Os pólos que definiam a pauta distintiva radicam, por um lado, no Regimento da Relação do Rio de Janeiro, aprovado pelo Alvará de 13 de Outubro de 1751 e, por outro lado, no Regimento da Relação de S. Luís do Maranhão, ditado pelo Alvará de 13 de Maio de 1812.

---

[2] Sobre o tema, consultar ANTÓNIO BRAZ TEIXEIRA, *Iluminismo luso- -brasileiro?*; e SÉRGIO PAULO ROUANET, *Portugal e Brasil entre a ilustração e o iluminismo*, in «O Iluminismo Luso-Brasileiro. Sessão conjunta de Membros da Academia das Ciências de Lisboa e da Academia Brasileira de Letras – Outubro de 2006», Lisboa, 2007, págs 41 e segs., e 53 e segs, respectivamente.

No Regimento da Relação do Rio de Janeiro, encontra-se ainda, bem vincada, a presença de um romanismo bartolista tardio. O eco das Escolas jurídicas medievas ressaltava então com nitidez. Como não se ignora, durante os primeiros anos do consulado pombalino, a vassalagem ao império do bartolismo continuava a reluzir positivamente alheio às rudes críticas que, entretanto, lhe eram dirigidas.[1]

E nada se fez, de início, para alterar a situação. Coloquemos apenas os olhos fitos no Brasil. Em consonância com o estado de letargia que se assinalou, já o ano de 1751 ia muito avançado, quando no «Regimento da Relação, que se estabeleceo novamente na Cidade de S. Sebastião do Rio de Janeiro», se impôs que, para o expediente do despacho judicial, devia haver na Relação «as Ordenações do Reino, com os seus Repertorios; e haverá tambem um jogo de Textos de Leis, com as Glossas de Accursio, e outro de Canones; como tambem um jogo de Bartolos de ultima edição».[2] Ficava para mais tarde, quer em Lisboa, quer no Rio de Janeiro, o esmero modernizador aplicado ao direito e o cintilar do pavilhão do iluminismo jurídico. A eleição de uma linha de pensamento filosófico-jurídica claramente delineada sob o manto

---

[1] Acerca da origem, estrutura e funções do Tribunal da Relação do Rio de Janeiro, ver ARNO WEHLING/MARIA JOSÉ WEHLING, *Direito e Justiça no Brasil Colonial: O Tribunal da Relação do Rio de Janeiro (1751-1808)*, Rio de Janeiro, 2004, págs 121 e segs.

[2] Consulte-se o § 7 do título I do Regimento da Relação do Rio de Janeiro, dado em Lisboa, aos 13 de Outubro de 1751. *Vide* MARTIM DE ALBUQUERQUE, *Bártolo e Bartolismo na história do direito português*, in «Estudos de Cultura Portuguesa»,vol. I, Lisboa, 1984, pág. 119, nota 204; e RUI MANUEL DE FIGUEIREDO MARCOS, *A Legislação Pombalina. Alguns aspectos fundamentais*, cit., pág. 84.

tutelar da Escola do Direito Natural e das Gentes ainda não entretecera uma nova teia legislativa e doutrinal na vida jurídica do Império português.

Com o evoluir das correntes jurídicas europeias, apagaram--se do mosaico jurídico disciplinador dos tribunais brasileiros os derradeiros resquícios do teimoso romanismo bartolista. Um sopro de mudança sentia-se no Regimento da Relação da Cidade de S. Luís do Maranhão, dado no Palácio do Rio de Janeiro, em 6 de Fevereiro de 1812. Das *fontes cognoscendi* que deviam existir no tribunal para o expediente do despacho desapareceram os livros de direito canónico, as glosas de Acúrsio e as obras de Bártolo. Na nova Relação, haveria, por ditame regimental, «as Ordenações do Reino com os seus Repertorios, a Colecção das Leis extravagantes, e dos Assentos da Casa da Supplicação, e o Corpo de Direito Romano»[1]. Impõe-se perscrutar o sentido do enfileiramento de tais fontes de direito.

Ao voejar das sementes jusracionalistas europeias que pousaram em Portugal a partir da década de sessenta do século XVIII, não parece ter sido alheio o Regimento da Relação de S. Luís de Maranhão de 1812. A retirada dos livros de cânones não se pode dissociar da ordem de despejo que recebeu o direito canónico, como fonte de direito subsidiário, por força da Lei da Boa Razão de 1769. Recolhera, em definitivo, aos tribunais ecle-siásticos o direito canónico. O banimento da Glosa Magna de Acúrsio e das opiniões de Bartolo resultara das violentas objur-gatórias que o reformismo pombalino lhes dirigiu. E as críticas mais demolidoras eram duas: a ignorância crassa em matéria

---

[1] Veja-se o § 15 do título I do Regimento da Relação da Cidade de S. Luiz do Maranhão.

histórico-jurídica e o bárbaro desconhecimento da pauta jusracionalista.

Acúrsio era qualificado como um jurista diligente, infatigável, mas ignorante em áreas fundamentais, designadamente, no que tocava à boa latinidade, ao grego, à história e à filosofia. Em síntese, não dominava os subsídios indispensáveis à genuína interpretação das leis.

Igualmente ignorante teria sido, no acerto ríspido dos Estatutos da Universidade de Coimbra de 1772, Bártolo. Só que, como foi mais atrevido, lançando-se temerariamente na elaboração de amplos comentários, até ao ponto de perder de vista o próprio *Corpus Iuris Civilis*, arrojou a jurisprudência nos maiores precipícios. Infiltrou por toda a parte a opinião e, deste modo, a jurisprudência tornou-se incerta, controvertida, totalmente dependente do juízo opinativo dos doutores. Nada mais longínquo da lição que se extrai do Regimento do tribunal brasileiro, promulgado ao tempo da estada da Corte no Brasil.[1]

O espectro das fontes jurídicas mencionado no Regimento brasileiro de 1812 não escondia um voto na revitalização da força imperante do direito pátrio. A alusão à presença de uma colectânea de assentos da Casa da Suplicação revelava, por outro lado, a consabida predilecção do iluminismo jurídico pela interpretação autêntica da lei em reverência ao valor da segurança jurídica. Até pela sua primazia hierárquica, os assentos oriundos da Casa da Suplicação revestiam um significado exemplar para o desempenho das árduas tarefas hermenêuticas, sob a égide da *recta ratio* jusnaturalista.

---

[1] *Vide* MÁRIO JÚLIO DE ALMEIDA COSTA/RUI MANUEL DE FIGUEIREDO MARCOS, *Reforma Pombalina dos Estudos Jurídicos,* in «Boletim da Faculdade de Direito», vol. LXXV (1999), págs. 73 e segs.

Do Regimento da Relação de S. Luís do Maranhão transparecia um regresso ostensivo à pureza do direito pátrio. Representava uma tentiva de, em solo judicial brasileiro, libertar as decisões do tribunal do jugo embaraçante das extensas glosas e do complexo labirinto das várias opiniões dos doutores. O que se buscava afanosamente era, desde há muito, encontrar um *ius certum*, um direito aplicável que prescindisse de manobras opinativas. Bem vistas as coisas, o retorno à limpidez dos textos normativos do direito português soava a uma operação de resgate descontaminador, como que aplanando o terreno forense do resvaladiço *argumentum ab auctoritate*. Em suma, trazia-se às luzes da ribalta um patente nacionalismo jurídico.

36. Modificações legislativas pontuais no âmbito do direito privado no Brasil

Ao arrepio do universo publicista em que o legislador se deixou tomar por um frenesim de entusiástica reformação, no capítulo do direito privado, pouco se modificou. Na verdade, o legislador do início de oitocentos vagabundeou pelo direito privado brasileiro, levando a cabo simples alterações pontuais. Aí se inscreveram transformações que atingiram, em pensado retoque, o direito de propriedade, as servidões, a tutela dos orfãos e ausentes, as vendas a prazo e o contrato de câmbio marítimo. Nada que desfigurasse a face do *ius privatum* brasileiro.

37. Apontamento conclusivo

Das considerações precedentes não se afigura de difícil incomodidade pintar os rostos e vestir as ideias imperantes na legislação joanina do Brasil. A sua face mais nítida revelava-se no seu elevadíssimo teor publicista. Acompanhou-a uma vertente de clara persistência do direito português. Não raro, a reprodução das instituições metropolitanas no Brasil fazia apelo, por exemplo, à continuidade da legislação pombalina. A ruptura frontal ocorreu em matéria de legislação económica, onde se vincara, a pouco e pouco, um inédito pendor liberal. Por último, desvelava-se ainda, no seio das páginas legislativas joaninas, um carácter nacionalista errante que tornava o direito brasileiro um tanto esquivo aos velhos interesses portugueses. Uma demarcação, ora ostensiva, ora discreta, ora ambígua.

Seja como for, com a chegada da família real, chegou também a independência do Brasil. O pavilhão da autonomia jurídica desfraldou-o D. João VI, quando começou a edificar o aparelho estadual brasileiro, não raro cortando as amarras a Portugal. A coroa e o manto régios nunca apareceram tão refulgentes aos olhos dos brasileiros.

O brilho de uma idade de bom gosto enquanto bom senso delicado tocava-os muito. Ardendo numa febre de grandezas, o Rio de Janeiro sentia a irreprimível necessidade de outros estilos, de outros hábitos, de outros ideais.

À distância de dois séculos, a monumentalidade da obra de D. João VI tornou-se mais imponente.

As grandes obras são como as grandes montanhas. De longe, veêm-se melhor. Se alguém perdido no tempo encontrasse D. João VI, pousando suavemente o olhar num belo mostrador com o recorte do Brasil e, tomado de um impulso infrene, lhe atirasse a pergunta: acaso vê as horas majestade? Ele responderia com elevada firmeza. Sim. Vejo as horas no meu relógio do Brasil. E que horas são? Agora, agora é a eternidade!

APÊNDICE DOCUMENTAL

COnde da Ponte, do Meu Conselho, Governador, e Capitão General da Capitania da Bahia, Amigo. Eu o PRINCIPE REGENTE vos Envio muito saudar, como aquelle que Amo. Attendendo á representação, que fizestes subir á Minha Real Presença sobre se achar interrompido, e suspenso o Commercio desta Capitania com grave prejuizo dos Meus Vassallos, e da Minha Real Fazenda, em razão das criticas, e públicas circunstancias da Europa; e Querendo dar sobre este importante objecto alguma providencia prompta, e capaz de melhorar o progresso de taes damnos: Sou Servido Ordenar interina, e provisoriamente, em quanto não consolido hum Systema geral, que effectivamente regule semelhantes materias, o seguinte. Primo: Que sejão admissiveis nas Alfandegas do Brazil todos, e quaesquer Generos, Fazendas, e Mercadorias transportados, ou em Navios Estrangeiros das Potencias, que se conservão em Paz, e Harmonia com a Minha Real Coroa, ou em Navios dos Meus Vassallos, pagando por entrada vinte e quatro por cento; a saber: vinte de Direitos grossos, e quatro do Donativo já estabelecido; regulando-se a cobrança destes Direitos pelas Pautas, ou Aforamentos, porque até o presente se regulão cada huma das ditas Alfandegas, ficando os Vinhos, e Aguas Ardentes, e Azeites doces, que se denominão Molhados, pagando o dobro dos Direitos, que até agora nellas satisfazião. Secundo: Que não só os Meus Vassallos, mas tambem os sobreditos Estrangeiros possão exportar para os Portos, que bem lhes parecer a beneficio do Commercio, e Agricultura, que tanto Desejo promover, todos, e quaesquer Generos, e Producções Coloniaes, á excepção do Páo do Brazil, ou outros notoriamente estancados, pagando por sahida os mesmos Direitos já estabelecidos nas respectivas Capitanias, ficando entre tanto como em suspenso, e sem vigor todas as Leis, Cartas

Regias, ou outras Ordens, que até aqui prohibião neste Estado do Brazil o reciproco Commercio, e Navegação entre os Meus Vassallos, e Estrangeiros. O que tudo assim fareis executar com o zelo, e actividade, que de vós Espero. Escrita na Bahia aos vinte e oito de Janeiro de mil oitocentos e oito. ⹀ PRINCIPE. ⹀ Para o Conde da Ponte.

Na Impressão Regia,

U O PRINCIPE REGENTE Faço faber aos que o prefente Alvará virem; que fendo conveniente ao bem publico, que fe não demore o expediente dos negocios occurrentes, por depender da sua decizão a ordem, e tranquillidade publica, e o interesse particular dos Meus fieis Vassallos, que muito Dezejo promover, e adiantar; e fendo muitos delles da competencia dos Tribunaes do Reino, nos quaes he por ora impraticavel que fe tratem, e decidão, pela bem conhecida interrupção de communicação com a Capital: Dezejando atalhar, e remediar os inconvenientes, que devem feguir-fe de não haver a competente folução dos negocios, de que depende o focego, e profperidade dos Meus Vassallos, os quaes pertencem aos Tribunaes da Meza do Defembargo do Paço, á Meza da Confciencia e Ordens, e ao Confelho do Ultramar, por ferem dos Meus Vassallos, que habitão aquellas partes dos Meus Dominios, que são Ultramarinos refpectivamente a efte Eftado do Brazil: Hei por bem em beneficio, e utilidade commum Ordenar o feguinte.

I. Haverá nefta Cidade hum Tribunal, que Sou Servido Crear com toda a neceffaria, e cumprida Jurifdicção, e que fe denominará Meza do Defembargo do Paço, e da Confciencia e Ordens, no qual fe decidirão todos os negocios, que occorrerem, que por bem de Minhas Leis, Decretos, e Ordens são da competencia da Meza do Defembarbargo do Paço, e todos os demais, que pertencião ao Conſelho Ultramarino, e que não forem militares; por que eſſes pertencem ao Conſelho Supremo Militar, na forma do Alvará do primeiro de Abril do corrente anno. E outroſim entenderá eſte Tribunal em todos os negocios, de que conhece a Meza da Conſciencia e Ordens, e expedillos-ha pelo modo nella praticado.

II. Eſte Tribunal ſerá compoſto de hum Prezidente, e dos Deſembargadores, que Eu Houver por bem Nomear, que entenderão em todos os negocios, que nelle ſe tratarem, e gozarão de todas as honras, graduações, e preeminencias, de que gozão os Deſembargadores do Paço; e haverá tambem no meſmo Tribunal Deputados da Meza da Conſciencia e Ordens, que ſó entenderão nos negocios della, e terão as meſmas prerogativas, que tem os da Meza da Conſciencia e Ordens do Reino.

III. O despacho do expediente deſte Tribunal ſe fará nas manhans de todos os dias, que não forem Domingos, feſtas de guarda, ou feriados; reſervando-ſe as quartas, e ſextas feiras para as materias proprias da Meza da Conſciencia e Ordens ſómente; e guardarão o que pelas Ordenações, Alvarás, Regimentos, e Ordens Regias ſe achá eſtabelecido, expedindo todos os negocios pela forma, e maneira praticada em Lisboa nos Tribunaes reſpectivos.

IV. Todos os negocios, que ategora ſe decidião na Meza do Deſembargo do Paço da Relação

deſdefta Cidade na conformidade do Tit. IV. do Regimento de treze de Fevereiro de mil fetecentos cincoenta e hum, ficão fendo da privativa Jurifdicção defte Tribunal, para nelle fe decidirem, na forma do que fe acha decretado no fobredito Regimento, e mais Legislação, porque fe rege o Defembargo do Paço; ficando porém abolida aquella Meza creada na Relação; para o que Hei por derogado nefta parte o referido Regimento.

V.   Continuar-fe-ha na Relação da Bahia o defpacho daquelles negocios, que pelo Regimento fe expedem na Meza do Defembargo do Paço da mefma Relação, em attenção aos inconvenientes, que podem refultar aos Meus Vaffallos habitantes no deftricto della da demora das viagens, e a que os mais delles exigem brevidade. Para a decizão porém de todos os outros, e de todas as mais partes dos Meus Eftados fe recorrerá ao Tribunal, que Sou Servido Crear nefta Cidade.

VI.   E fendo neceffario hum Procurador Geral para fifcalizar, e promover os negocios, e direitos das Tres Ordens Militares, que como Gram Meftre, e Perpetuo Adminiftrador Dezejo manter, e confervar: Sou Servido Creallo; ficando fervindo de Juizes das Ordens os Bifpos nas fuas refpeetivas Diocefes, na conformidade do §. IX. do Alvará de onze de Outubro de mil fetecentos oitenta e feis, que ficará em fua inteira obfervancia.

VII.   Por quanto exiftindo nefta Cidade a Meza das Ordens, e devendo conhecer por Appelação das

Cauſas Crimes dos Cavalleiros das Ordens Militares, ceſsão os motivos, porque forão authorizados os Deſembargadores Ouvidores Geraes do Crime das Relações do Rio de Janeiro, e Bahia para conhecer destas Cauſas, na conformidade do Alvará de doze de Agosto de mil oitocentos e hum: Sou Servido Crear hum Juiz dos Cavalleiros para conhecer das ſobreditas Cauſas pela fórma, e maneira, com que dellas conhece o de Lisboa; e Revogar o referido Alvará.

VIII. E ſendo huma das materias, em que entende a Meza da Conſciencia e Ordens, a arrecadação da fazenda dos Defuntos, e Auzentes; e devendo ella ser fiscalizada por hum Promotor: Hei por bem Crear este Emprego, que ſerá exercitado por hum Magiſtrado, que Eu Houver de Nomear, regulandoſe pelo Regimento, e mais Ordens Regias eſtabelecidas a eſte reſpeito.

IX. Haverá hum Chanceller Mór do Eſtado do Brazil, que Eu For Servido Nomear, o qual exercerá a meſma Juriſdicção, que exercia o do Reino, ſegundo o que eſtá decretado no ſeu reſpectivo Regimento, e mais Determinações Regias, em quanto forem applicaveis, e compativeis com o eſtado actual das couſas; e hum Chanceller das Tres Ordens Militares, para os Negocios deſta Repartição.

X. Terão de ordenado o Prezidente o meſmo, que vence o do Deſembargo do Paço de Lisboa; e os Deſembargadores, e os Deputados hum conto e seiscentos mil reis, pago aos quarteis; e perceberão além

delle todos os emolumentos, e affinaturas, que ven-
cião nas Mezas do Defembargo do Paço, e da Confciencia e Ordens do Reino os Defembargadores, e
Deputados dellas.

XI.   Haverá nefte Tribunal dous Efcrivães da Camara, hum para o expediente dos negocios da Meza
do Defembargo do Paço, e Confelho Ultramarino,
e outro para o da Meza da Confciencia e Ordens; os
quaes vencerão de ordenado cada hum hum conto de
reis, além dos emolumentos, que costumão perceber
os que fervem eftes Empregos em Lisboa.

XII.   Haverá mais hum Capellão, que vencerá
de ordenado cento e cincoenta mil reis; hum Official
Maior da Meza do Defembargo do Paço, e outro para a da Confciencia e Ordens, que vencerão cada hum,
além dos emolumentos, quatrocentos mil reis; e hum
Official menor para cada huma das ditas Repartições com
o ordenado de trezentos mil reis; hum Porteiro do Tribunal, que ferá ao mefmo tempo Thefoureiro, e Dif-
tribuidor, e terá de ordenado trezentos mil reis; hum
Efcrivão da Chancellaria Mór do Brazil, que fervirá
tambem das Tres Ordens Militares, e vencerá o ordenado de duzentos e cincoenta mil reis; hum Porteiro para ambas as Chancellarias com duzentos mil
reis de ordenado; hum Recebedor da Chancellaria para
huma, e outra Repartição, e terá de ordenado duzentos e cincoenta mil reis; hum Meirinho, e feu Efcrivão,
que vencerão cada hum cem mil reis; dous Continuos
com cem mil reis, e mais hum Efcrivão do Regifto
com cento e cincoenta mil reis.

Efte fe cumprirá, como nelle fe contém. Pelo que Mando ao Prezidente do Meu Real Erario; aos Governadores das Relações do Rio de Janeiro, e Bahia, aos Governadores e Capitáes Generaes, e mais Governadores do Brazil, e dos Meus Dominios Ultramarinos, e a todos os Miniftros de Juftiça, e mais Peffoas a quem pertencer o conhecimento, e execução defte Alvará, que o cumprão, e guardem, e fação cumprir, e guardar táo inteiramente, como nelle fe contém; não obftante quaefquer Leis, Alvarás, Regimentos, Decretos, ou Ordens em contrario, porque todos, e todas Hei por derogadas para efte effeito fómente, como fe delles fizeffe expreffa, e individual menção, ficando aliás fempre em feu vigor: E efte valerá como Carta paffada pela Chancellaria, ainda que por ella não ha de paffar, e que o feu effeito haja de durar mais de hum anno, fem embargo da Ordenação em contrario: Regiftando-fe em todos os lugares, onde fe coftumão regiftar femelhantes Alvarás. Dado no Palacio do Rio de Janeiro em vinte e dous de Abril de mil oitocentos e oito.

PRINCIPE

D Fernando José de Portugal.

ALvará com força de Lei , pelo qual *Voſſa Alteza Real He Servido Crear hum Tribunal para nelle ſe decidirem os negocios pertencentes á Meza do Deſembargo do Paço , Meza da Conſciencia e Ordens , e Conſelho do Ultramar ; na forma acima declarada.*

Para Voſſa Alteza Real ver.

João Alvares de Miranda Varejão o fez.

Regiſtado na Secretaria de Eſtado dos Negocios do Brazil no Livro I. de Leis, Alvarás, e Cartas Regias a folhas 6 verſ. Rio de Janeiro em 26 de Abril de 1808.

Joaquim Antonio Lopes da Coſta.

Na Imprefsão Regia.

U O PRINCIPE REGENTE Faço saber aos que o presente Alvará com força de Lei virem, que Tomando em consideração o muito, que interessa o Estado, e o Bem Commum, e particular dos Meus leaes Vassallos, em que a Administração da Justiça não tenha embaraços, que a retardem, e estorvem, e se faça com a promptidão, e exactidão, que convem, e que affiança a segurança pessoal, e dos sagrados direitos de propriedade, que muito Desejo manter como a mais segura base da Sociedade Civil; e exigindo as actuaes circumstancias novas providencias, não só por estar interrompida a communicação com Portugal, e ser por isto impraticavel seguirem-se os Aggravos Ordinarios, e Appellações, que até aqui se interpunhão para a Casa da Supplicação de Lisboa, vindo a ficar os pleitos sem decisão ultima com manifesto detrimento dos litigantes, e do Publico, que muito interessão em que não haja incerteza de dominios, e se findem os pleitos quanto antes; como tambem por Me Achar residindo nesta Cidade, que deve por isso ser considerada a Minha Corte actual: Querendo Providenciar de hum modo seguro estes inconvenientes, e os que podem recrescer para o futuro em beneficio do augmento, e prosperidade da Causa Pública: Sou Servido Determinar o seguinte.

I. A Relação desta Cidade se denominará Casa da Supplicação do Brazil, e será considerada como Superior Tribunal de Justiça; para se findarem alli todos os pleitos em ultima Instancia, por maior que seja o seu valor, sem que das ultimas sentenças proferidas em qualquer das Mezas da sobredita Casa se possa interpôr outro recurso, que não seja o das Revistas nos termos restrictos do que se acha disposto nas Minhas Ordenações, Leis, e mais Disposições. E terão os Ministros a mesma alçada, que tem os da Casa da Supplicação de Lisboa.

II. Todos os Aggravos Ordinarios, e Appellações do Pará, Maranhão, Ilhas dos Açores, e Madeira, e da Relação da Bahia, que se conservará no estado, em que se acha, e se considerará como immediata á desta Cidade, os quaes se interpunhão para a Casa da Supplicação de Lisboa, serão daqui em diante interpostos para a do Brazil, e nella se decidirão finalmente pela mesma fórma, que o erão até agora, segundo as determinações das Minhas Ordenações, e mais Disposições Regias.

III. Todos aquelles pleitos, em que houve interposição de Aggravos, ou Appellações, que se não remettêrão; e todos os que sendo remettidos, não tiverão ainda final decisão, serão julgados

na

na Casa da Supplicação do Brazil , huns pelos proprios autos , e outros pelos traslados , que ficárão , pela maneira , com que o serião na de Lisboa por Juizes da Casa , que o não forão nas primeiras sentenças. E os Embargos , que na execução se tiverem mandado remetter , se decidirão pelos mesmos Juizes , que ordenarão a remessa , sem attenção ao despacho , que a decretára , a fim de haverem final decisão, como cumpre ao Bem Público.

IV. A Casa da Supplicação do Brazil se comporá além do Regedor, que Eu houver por bem Nomear, do Chanceller da Caza , de oito Desembargadores dos Aggravos , de hum Corregedor do Crime da Corte e Casa , de hum Juiz dos Feitos da Coroa e Fazenda , de hum Procurador dos Feitos da Coroa e Fazenda , de hum Corregedor do Civel da Corte , de hum Juiz da Chancellaria , de hum Ouvidor do Crime , de hum Promotor da Justiça , e de mais seis Extravagantes.

V. Governar-se-hão todos pelo Regimento da Casa da Supplicação , segundo he conteúdo nos Titulos respectivos das Ordenações do Reino, Leis, Decretos, e Assentos , guardando-se na ordem , e fórma do Despacho o mesmo, que alli se praticava. E guardar-se-ha tambem quanto está determinado no Regimento de treze de Outubro de mil setecentos cincoenta e hum dado para a Relação desta Cidade, em tudo, que não for revogado por este Alvará , e não for incompativel com a nova ordem de cousas.

VI. Os Lugares dos Ministros da Casa não serão mais, como até agora erão os da Relação desta Cidade , contemplados de igual graduação ; antes haverá a mesma distinção , que ha na de Lisboa , para serem promovidos aos mais distintos , e graduados, os Ministros, que forem de maior graduação nos despachos , que já tinhão, e tiverem maior antiguidade, prestimo, e serviços.

VII. Attendendo a que nem a multiplicidade dos negocios o exige, nem cumpre augmentar o número dos Magistrados, tendo alem disto mostrado a experiencia fazer-se sem difficuldade , e inconvenientes; servirão todos os Ministros de Adjuntos huns dos outros, como for necessario no despacho do Expediente ; e entrarão tambem nas serventias dos Lugares vagos, ou impedidos, quando não hajão para isto Extravagantes por occupados em outras serventias.

VIII. O Chanceller desta Casa sello-ha sómente ; sem que sirva , como até agora o fazia o da Relação desta Cidade em alguns casos , de Chanceller Mór do Reino, que Fui servido crear. Na sua falta, e impedimento servirá o Desembargador mais antigo da Casa, a quem se remetterão os Sellos.

IX. Tendo mostrado a experiencia , que da decisão de ser cumulativa a jurisdicção dos Magistrados Criminaes no conhecimenmento por devaça dos delictos commettidos nesta Cidade , e quinze legoas ao redor , se tem seguido a prompta indagação dos authores delles sem disputas de jurisdicção sempre odiosas : Hei por bem , que o mesmo se continue a praticar , regulando-se pela prevenção , exceptuados os casos do §. VI. do Regimento de treze de Outubro de mil setecentos cincoenta e hum , que devem ser privativos da jurisdicção do Corregedor do Crime da Corte e Casa.

X.   O Districto da Casa da Supplicação do Brazil , bem como o Termo da jurisdicção dos Ministros della , será o mesmo , que era até agora o da Relação desta Cidade na fórma dos §§. X. e XI. do Regimenro della.

XI.   Terão de ordenado , o Chanceller hum conto e trezentos mil reis ; e todos os mais Ministros , que tiverem Officio na Casa , hum conto e cem mil reis ; o Procurador da Coroa e Fazenda , além do ordenado , que lhe competir segundo a graduação , em que estiver , quinhentos mil reis ; os Extravagantes novecentos mil reis , que he o mesmo que até agora percebião a titulo de ordenado , e propinas os Desembargadores da Relação desta Cidade. E terão outrosim as mesmas Assinaturas nos feitos , que até agora levavão , por serem as mesmas , que competem aos Ministros da Casa da Supplicação.

XII.   Os Officiaes desta Casa serão os mesmos , que até agora servião na Relação desta Cidade ; e observarão no cumprimento dos seus Officios o que lhes he determinado no Regimento de treze de Outubro de mil setecentos cincoenta e hum nos titulos XI. e XII.

XIII.   Não podendo bastar para o expediente das Varas do Crime , e do Civel hum só Escrivão , que para o diante será ainda de maior concurrencia : Hei por bem Crear mais hum Escrivão para cada huma dellas , entre os quaes haverá a competente distribuição.

E este se cumprirá como nelle se contém. Pelo que : Mando á Meza do Desembargo do Paço , e da Consciencia e Ordens , ao Governador da Relação da Bahia , aos Governadores e Capitães Generaes , e todos os Ministros de Justiça , e mais Pessoas , a quem pertencer o conhecimento , e execução deste Alvará , que o cumprão , e guardem , e fação cumprir , e guardar tão inteiramente , como nelle se contém , não obstante quaesquer Leis , Alvarás , Decretos , Regimentos , ou Ordens em contrario , porque todas , e todos Hei por bem derogar para este effeito sómente , como se delles fizesse expressa , e individual menção , ficando aliás sempre em seu vigor. E este valerá como Carta passada na Chancellaria , ainda que por ella não ha-de passar , e que o seu effeito haja de
du-

durar mais de hum anno, sem embargo das Ordenações em contrario : Registando-se em todos os lugares, onde se costumão registar semelhantes Alvarás. Dado no Palacio do Rio de Janeiro em dez de Maio de mil oitocentos e oito.

PRINCIPE ⁘

D. Fernando José de Portugal.

A Lvará com força de Lei , pelo qual Vossa Alteza Real he servido Regular a Casa da Supplicação do Brazil , e Dar outras providencias a bem da Administração da Justiça; na fórma, que acima se declara.

Para Vossa Alteza Real ver.

João Alvares de Miranda Varejão o fez.

Registado nesta Secretaria de Estado dos Negocios do Brazil no Livro primeiro de Leis, Alvarás, e Cartas Regias a folhas doze verso. Rio de Janeiro quatorze de Maio de mil oitocentos e oito.

José Manoel de Azevedo.

Na Impressão Regia.

EU O PRINCIPE REGENTE Faço saber aos que o presente Alvará virem, que Tendo consideração á necessidade, que ha de se crear o Lugar de Intendente Geral da Policia da Corte, e do Estado do Brazil, da mesma forma, e com a mesma Jurisdicção, que tinha o de Portugal, segundo o Alvará da sua creação de vinte e cinco de Junho de mil setecentos e sessenta, e do outro de declaração de quinze de Janeiro de mil setecentos e oitenta: Sou Servido Creallo na sobredita maneira, com o mesmo ordenado de hum conto e seiscentos mil reis, estabelecido no referido Alvará de declaração.

Pelo que Mando á Meza do Desembargo do Paço, e da Consciencia e Ordens, aos Governadores das Relações do Rio de Janeiro, e Bahia, aos Governadores e Capitáes Generaes, a todos os Ministros de Justiça, e mais Pessoas, a quem pertencer o conhecimento, e execução deste Alvará, que o cumprão, e guardem, e fação cumprir, e guardar tão inteiramente, como nelle se contém, não obstante quaesquer Leis, Alvarás, Decretos, Regimentos, ou Ordens em contrario, porque todas, e todos Hei por bem derogar, para este effeito sómente, como se delles fizesse expressa, e individual menção, ficando aliás sempre em seu vigor. E este valerá como Carta passada na Chancellaria, ainda que por ella não hade passar, e que o seu effeito haja de durar mais de hum anno, sem embargo das Ordenações em contrario: Registando-se em todos os lugares, onde se costumão registar semelhantes Alvarás. Dado no Palacio do Rio de Janeiro em dez de Maio de mil oitocentos e oito.

PRINCIPE

D. Fernando José de Portugal.

*A*Lvará , por que Vossa Alteza Real he Servido Crear no Estado do Brazil hum Intendente Geral da Policia ; na fórma acima declarada.

Para Vossa Alteza Real ver.

João Alvares de Miranda Varejão o fez.

Registado nesta Secretaria de Estado dos Negocios do Brazil no Livor I. de Leis, Alvarás, e Cartas Regias a fol. 12. Rio de Janeiro 14 de Maio de 1808.

Jose Manoel de Azevedo.

Na Impressão Regia.

DECRETO.

Endo-Me constado, que os Prélos, que se achão nesta Capital, erão os destinados para a Secretaria de Estado dos Negocios Estrangeiros, e da Guerra; e Attendendo á necessidade, que ha da Officina de Impressão nestes Meus Estados: Sou servido, que a Casa, onde elles se estabelecêrão, sirva interinamente de Impressão Regia, onde se imprimão exclusivamente toda a Legislação, e Papeis Diplomaticos, que emanarem de qualquer Repartição do Meu Real Serviço; e se possão imprimir todas, e quaesquer outras Obras; ficando interinamente pertencendo o seu governo, e administração á mesma Secretaria. Dom Rodrigo de Sousa Coutinho, do Meu Conselho de Estado, Ministro, e Secretario de Estado dos Negocios Estrangeiros, e da Guerra, o tenha assim entendido; e procurará dar ao emprego da Officina a maior extensão, e lhe dará todas as Instrucções, e Ordens necessarias, e participará a este respeito a todas as Estações o que mais convier ao Meu Real Serviço. Palacio do Rio de Janeiro em treze de Maio de mil oitocentos e oito.

Com a Rubríca do PRINCIPE REGENTE N. S.

Reg.

Na Impressão Regia.

(1)

U O PRINCIPE REGENTE Faço saber aos que este Alvará com força de Lei virem : Que sendo indispensavel nas actuaes circunstancias do estado estabelecer quanto antes nesta Cidade Capital hum Erario, ou Thesouro Geral, e Publico, e hum Conselho da Minha Real Fazenda para a mais exacta Administração, Arrecadação, Distribuição, Assentamento, e Expediente della, de que pende a manutenção do Throno, e o Bem Commum dos Meus fieis Vassallos; pois que as dilações em semelhantes negocios são de gravissimas consequencias: Tendo por huma parte consideração á utilidade, que resultou á Minha Real Fazenda da observancia das saudaveis Leis de vinte e dous de Dezembro de mil setecentos sessenta e hum; e por outra parte á bem entendida economia, com que nas presentes, e inevitaveis urgencias devem ser formados os provisionaes Estabelecimentos da Administração Publica, e Fiscal: Conformando Me com o parecer de Pessoas do Meu Conselho intelligentes, e literatas, de sã consciencia, zelosas do Meu Real Serviço, e do Bem Commum : Sou Servido Reduzir provisionalmente a huma só, e unica Jurisdicção todas as cousas, ou negocios da Minha Real Fazenda, que forão dependentes até agora das Jurisdicções voluntaria, e contenciosa, exercitadas pelas Juntas da Fazenda, e da Revizão da antiga divida passiva desta Capitania, Creando em lugar dellas hum Erario Regio, e Conselho da Fazenda, por onde unica, e privativamente se expeção todos os negocios pertencentes á Arrecadação, Distribuição, e Administração da Minha Real Fazenda deste Continente, e Dominios Ultramarinos pela maneira seguinte.

TITULO I.

Do Erario Regio.

I. Hei por bem, abolindo desde já a Jurisdicção exercitada pelas referidas Juntas da Fazenda, e Revizão, Crear, e Erigir no Estado do Brazil hum Erario, ou Thesouro Real, e Publico, com as mesmas Prerogativas, Jurisdicção, e Inspecção, Authoridade, Obrigações, e Incumbencias especificadas na Carta da Lei de vinte e dous de Dezembro de mil setecentos sessenta e hum, que estabeleceo o Real Erario de Lisboa, sendo unicamente composto de hum Prezidente, que nelle será Meu Lugar Tenente, hum Thesoureiro Mór, hum Escrivão da sua Receita, e tres Contadores Geraes; observando cada hum delles por seu Regimento tudo quanto na referida Lei Fundamental se acha determinado, e o mais, que pelas Leis, Alvarás, e Ordens posteriores foi ordenado, e estabelecido, e isto tão exacta, e devidamente, como se de cada huma dellas fizesse expressa menção, excepto aquillo, que pela mudança das circunstancias do Estado especialmente for declarado neste Meu Alvará.

II. A Meza do Erario será formada do Presidente, Thesoureiro Mór, e Escrivão da sua Receita, e a ella poderá ser chamado pelo Presidente, quando lhe parecer necessario, e a decisão dos negocios o exigir, o Procurador da Fazenda, o Contador Geral respectivo, ou outro qualquer Ministro, e Pessoa, na fórma do Alvará de desesete de Dezembro de mil setecentos e noventa.

A   III.

(2)

III. Haverá na Thesouraria Mór do Real Erario dous segundos Escriturarios, dous terceiros, dous Amanuenses, dous Patricantes, e tres Fieis; hum dos quaes será o Pagador, e terá a sua Conta escriturada nas Contadorias Geraes segundo a natureza das Folhas, que pagar; hum Porteiro, e seis Continuos, que servirão tambem de Porteiros nas Contadorias Geraes, e nas mais Estações onde o Thesoureiro Mór os mandar ter exercicio.

IV. A primeira das tres Contadorias Geraes, que Estabeleço, terá a seu cargo fazer entrar no Erario, e escriturar as Rendas, que devem nelle entregar todos os Thesoureiros, Almoxarifes, Recebedores, Administardores, Provedores, Fiscaes, Exactores, e Contratadores dos Reditos, e Direitos Reaes desta Cidade, e Provincia do Rio de Janeiro.

V. A segunda será encarregada da contabilidade, e cobrança das Rendas da Africa Oriental, Asia Portugueza, e Governo de Minas Geraes, São Paulo, Goiaz, Mato Grosso, e Rio Grande de São Pedro do Sul, Administrações, e Contratos, que nelles se comprehendem.

VI. A' terceira pertencerá a escrituração, contabilidade, fiscalização das Rendas Reaes estabelecidas nos Governos da Bahia, Pernambuco, Maranhão, Pará, Seará, Piauhi, Paraíba, Ilhas de Cabo Verde, Açores, Madeira, e Africa Occidental, Administrações, e contratos nelles comprehendidos.

VII. Haverá em cada huma das referidas Contadorias Geraes hum primeiro Escriturario, tres segundos, tres terceiros, tres Amanuenses, e tres Praticantes, para a prompta expedição dos negocios pertencentes ao expediente dellas, e á escrituração das contas da Minha Real Fazenda, debaixo das Ordens do respectivo Contador Geral.

VIII. O primeiro Escriturario servirá nos impedimentos do Contador Geral; o mais antigo dos segundos Escriturarios servirá de primeiro; e assim successivamente, para que não haja falta alguma no prompto exercicio de que são encarregados.

IX. E porque as informações, negocios, e expediente, que cumpre o Contador Geral dê, averigue, e faça pessoalmente, lhe não permittem escriturar o Livro Mestre, e Memorial Diario da sua Repartição; o primeiro Escriturario de cada huma das referidas Contadorias Geraes terá a seu cargo esta escrituração debaixo das normas, e titulos, que para ella estabelecer com conhecimento de causa o competente Contador Geral. No caso porém de impedimento, ou molestia dos ditos primeiros Escriturarios lançarão nos ditos livros os segundos Escriturarios mais antigos, ou intelligentes precedendo para isto a necessaria Portaria do Presidente.

TITULO II.

Do Methodo da Escrituração, e Contabildade do Erario.

I. **P**Ara que o Methodo de escrituração, e formulas de contabilidade da Minha Real Fazenda não fique arbitrario, e sujeito á maneira de pensar de cada hum dos Contadores Geraes, que Sou Servido Crear para o referido Erario: Ordeno, que a escrituração seja a mercantil por Partidas dobradas, por ser a unica seguida pelas Nações mais civilizadas, assim pela sua brevidade para o maneio de grandes somas, como por ser a mais clara,

ra,

(3)

ra, e a que menos lugar dá a erros, e subterfugios, onde se esconda a malicia, e a fraude dos prevaricadores.

II. Por tanto haverá em cada huma das Contadorias Geraes hum Diario, hum Livro Mestre, e hum Memorial, ou Borrador, além de mais hum Livro auxiliar, ou de Contas Correntes para cada hum dos Rendimentos das Estações de Arrecadação, Recebedorias, Thesourarias, Contratos, ou Administrações da Minha Real Fazenda. E isto para que sem delongas se veja logo, que se precizar, o estado da conta de cada hum dos Devedores, ou Exactores das Rendas da Minha Coroa, e Fundos publicos.

III. Ordeno, que os referidos Livros de escrituração sejão inalteraveis, e que para ella senão possa augmentar, ou diminuir nenhum, sem se Me fazer saber por Consulta do Presidente a necessidade, que houver para se diminuir, ou accrescentar o seu numero.

TITULO III.

Das Entradas das Rendas no Erario.

I. SEndo tão diversa a fórma de Arrecadação das Minhas Rendas dos Bens da Coroa, e Proprios Reaes; e consistindo o computo de algumas em transacções, que não admittem prazo certo para a entrada no Erario, nem huma regra uniforme: Sou Servido Determinar ao dito respeito o seguinte.

II. Pelo que pertence aos Bens, e Rendas, cuja arrecadação he diaria, e finaliza no ultimo de cada hum mez, Ordeno, que a entrada se faça no Meu Real Erario logo nos primeiros dias do mez proximo seguinte: Que a cobrança dos Subsidios, Alfandegas, e Casa da Moeda, onde as conferencias, exames, e contagens tem mais demora, a entrega se faça nos primeiros oito dias seguintes: Que pelo que pertence a Contratos, Bilhetes da Alfandega, Arrendamentos dos Proprios Reaes, e outros Reditos desta natureza, venhão os computos ao dito Erario até quinze depois do vencimento: E que havendo negligencia nos Thesoureiros, Recebedores, Almoxarifes, Contratadores, ou Rendeiros, retardando as remessas, ou entregas, além dos prazos, que por este meu Alvará lhes são concedidos, se expeção logo no Meu Real Nome contra elles pelo Presidente do Erario as necessarias ordens de suspensão dos Lugares, sequestros, prizões, e mais diligencias, que julgar opportunas para a segurança da Minha Real Fazenda, e para se fazerem promptas, e effectivas as entradas, que formarem o objecto de taes ordens.

III. Para que sempre constem juridicamente no Erario assim as arrematações dos Contratos, como as de quaesquer outros bens, que para pagamento da Minha Fazenda, ou Encargo público forem executados, Ordeno, que o Corretor della, logo que qualquer Contrato for arrematado, entregue ao Thesoureiro Mór hum exemplar das condições da arrematação assinado por dous Ministros do Conselho, para este o enviar á Contadoria Geral respectiva, e nella se abrir a competente conta corrente ao Contratador, debitando se-lhe logo os pagamentos, ou encargos, que deve pagar durante o tempo do seu Contrato; e não se lhe passará pelo Conselho o competente Alvará de correr, sem que apresente certidão do Contador Geral, por onde conste ficarem feitos os ditos lançamentos, pagamentos pri-

A 2   mor-

(4)

mordiaes, e o registo das mesmas condições; e isto debaixo da pena de nullidade da arrematação, de suspensão ao Corretor da Fazenda, que logo nos primeiros oito dias não fizer a entrega do exemplar authentico das condições-dos Contratos, e de privação dos Officios, e de nullidade das Cartas de Arrematação aos Officiaes, e Arrematantes dos outros bens executados, ou arrendados em Hasta publica, para indemnização dos computos pertencentes ao meu Erario Regio, senão se apresentar dentro no mesmo prazo a copia do respectivo auto da Arrematação.

IV. No caso porém de não serem bastantes as sobreditas ordens de suspensão, sequestro, prizão, e mais diligencias expedidas pelo Presidente do Erario, como Lugar Tenente Meu, para effectivamente entrarem os computos das rendas, sem mais outra figura de Juizo, mandará então o mesmo Presidente extrahir dos competentes Livros de Contas Correntes a dos executados, por onde conste o alcance, em que se achão; e fazendo juntar a ella os mais papeis de suspensões, prizões, e sequestros, que houverem precedido, na fórma que fica ordenado para a segurança da Minha Real Fazenda, se remetterá tudo ao Procurador da Fazenda, para que distribuida, depois de autuada a referida conta, e mais papeis, ao Conselheiro, a quem tocar, faça proseguir nas execuções pela maneira, que abaixo vai declarada, até final conclusão de taes cobranças ou dependencias.

TITULO IV.

Da sahida, ou Despeza do Erario.

I. H Avendo Determinado a fórma, por que no Real Erario, ou Thesouro Publico devem entrar todas as Rendas da Minha Coroa, he preciso tambem Ordenar a formalidade, com que pelos Cofres do mesmo Erario se devem pagar todas as Despezas dá Manutenção da Minha Real Casa, e Corpo politico do Estado, a que são applicados os Rendimentos Reaes. Mando que a este respeito se observe o seguinte.

Pelo que pertence á Minha Real Casa.

II. Os Thesoureiros da Casa Real, e Cavalharices, o das Moradias, os Compradores das Reaes Guarda-Roupas, Mantieiro, Guarda-Reposte, ou outros quaesquer Thesoureiros, ou Officiaes de recebimento, e contas, que Eu haja por bem Crear para o regime, e economia da Minha Real Casa, terão cada hum o competente Livro de Receita, e Despeza, onde se lancem na pagina esquerda as quantias, que receberem do Erario para as despezas da sua competencia, e na pagina direita a soma de cada artigo de despeza, que houverem pago em virtude de Folha por Mim assignada, e mandada pagar, ou de despacho do Chefe da Repartição, porque se houver feito, cabendo no seu expediente este acto de distribuição da Minha Real Fazenda, segundo Regimento houver, ou estilo for: Sendo os taes Livros rubricados; a saber: Pelo Mordomo Mór, ou quem seu Cargo servir, na Repartição da Casa Real; pelo Estribeiro Mór, na Estação das Reaes Cavalharices; pelo Vedor da Minha Casa, na Ucharia; e pelo Capitão da Guarda Real, nesta Repartição: Bem entendido, que para as despezas das Reaes Guarda-Roupas ha de servir de titulo para as compras a Verba do Meu
Re-

(5)

Regio Beneplacito , ou Real Vontade : E na competente Contadoria Geral do Erario haverá outro Livro particular da conta corrente de cada Thesourei-ro , ou Repartição de recebimento , e contas da Minha Real Casa , e Estado, onde se veja, quando preciso for, o saldo da conta de cada hum dos ditos Thesoureiros, e Officiaes.

III. Os computos, que pelo Meu Real Erario se houverem de entregar a cada hum dos sobreditos Thesoureiros , ou Officiaes de recebimento , e contas de Minha Casa , ainda que se exhibão em virtude de Decretos de continuação, ou na conformidade do paragrafo quinto do titulo decimo quarto da Lei Fundamental do Erario acima referida , ser-Me-hão com tudo requeridos pelos mesmos Thesoureiros , ou Chefes respectivos , na fórma até agora praticada com a Junta da Fazenda pelas Thesourarias das Despezas Militar, Civil, e da Marinha , apresentando os Thesoureiros hum mez sobre outro todos os documentos da sua despeza pertencentes ao mez antecedente, subpena de suspensão dos seus Officios até nova Mercê Minha , segundo o disposto no paragrafo terceiro do mesmo titulo ; e no primeiro quartel de cada hum anno se ajustarão na Contadoria Geral competente as contas do anno antecedente de cada Thesoureiro , ou Official de recebimento, e contas da Minha Casa , e se lhe passará a competente quitação ; assinada unicamente pelo Presidente do Meu Real Erario ; o qual no ajustamento de taes contas fará cortar á vista dos Thesoureiros com dous golpes de tizoura no alto todos os papeis das suas despezas , os quaes se emmassarão, e guardarão no Archivo da competente Contadoria Geral.

Pelo que toca a Ordenados , Pensões , Juros , e Tenças , que tem assentamento na Minha Real Fazenda.

IV. Para a prompta expedição das partes, e effectivo pagamento dos Ordenados, Pensões, Juros, e Tenças, que tem assentamento na Minha Real Fazenda; Sou Servido Crear hum Thesoureiro Geral. E por tanto, logo que ao Conselho da Minha Fazenda baixarem por Mim assinadas as Folhas dos Ordenados, Pensões, Juros, e Tenças impostas nos Rendimentos Reaes deste Estado , se expedirão para o dito Thesoureiro Geral , o qual em consequencia dos pagamentos , que por ellas houver de fazer em cada quartel , pedirá as somas , que forem precisas , ao Meu Real Erario , e por elle se lhe entregarão com a necessaria antecipação de vencimento , visto que os Ordenados se pagão adiantados : Ordeno porém , que o mesmo Thesoureiro Geral não possa receber quantia alguma do Erario para pagamento de hum quartel , sem haver mostrado pelo Diario , que deve formar o Escrivão da sua Despeza , ter pago toda a antecedente partida de Receita ; e que em razão da sua conta corrente , escriturada na fórma do que fica disposto a respeito dos Thesoureiros das Repartições da Minha Casa , e Estado, não tem em sua mão soma alguma de dinheiro pertencente áquellas applicações.

V. Os computos, que pelo Erario Regio houver o dito Thesoureiro Geral de receber para o pagamento de cada quartel, serão entregues á vista do competente conhecimento em fórma , por onde mostre o dito Thesoureiro ficar-lhe já carregada em debito a quantia daquelle recebimento.

VI. Ordeno tambem , que logo no primeiro quartel de cada hum anno se tome na competente Contadoria Geral a conta do anno antecedente do re-

B   fe.

(6)

ferido Thesoureiro , passando-se-lhe quitações plenarias , como dito he á respeito dos Thesoureiros da Minha Real Casa.

VII. Para o expediente da dita Thesouraria Geral haverá hum Escrivão da Receita , e Despeza do Thesoureiro , o qual receberá das partes os emolumentos , que percebião os Escrivães dos Contos do Reino , e Casa ; e terá a segunda chave do Cofre daquella Thesouraria.

Pelo que pertence á Despeza do Exercito.

VIII. Ao Thesoureiro Geral das Tropas da Corte , e Provincia do Rio de Janeiro se entregará em duas porções iguaes , huma no principio, e outra no fim de cada mez , não só a importancia dos Prets dos Regimentos , e dos Soldos do Meu Exercito , mas tambem a da despeza do Hospital Militar desta Cidade ; para o que pedirá elle Thesoureiro Geral ao Erario Regio as quantias, que forem necessarias, com a devida antecipação : E estas entregas Mando se fação sem preceder mais outra alguma solemnidade do que a do conhecimento de recibo assignado pelo mesmo Thescureiro Geral no competente Livro de Receita, e Despeza , por não admittirem demora, por minima que seja, os pagamentos, e sahidas desta natureza.

IX. Na Contadoria Geral da Repartição Setentrional deste Continente se escriturará a conta do dito Thesoureiro , o qual todos os mezes apresentará no Erario os documentos da sua Despeza , para que depois de examinados, achando-se conformes com o disposto na Lei de nove de Julho de mil setecentos sessenta e tres, se lhe abonem; e no primeiro quartel do anno seguinte se lhe passará quitação plenaria, por onde o dito Thesoureiro Geral fique livre , e desembaraçado para todos , e quaesquer effeitos , que requeira, de contas ajustadas.

X. Na occasião do recebimento de novas somas apresentará o sobredito Thesoureiro Geral o Diario da sua Receita , e Despeza , onde se veja o que existe do antecedente recebimento , cujo saldo passará a outra lauda por principio de Receita, assinando o Contador Geral a verba de conferencia, onde acabarem as addições recenseadas no dito Diario ; e isto da mesma fórma, que Tenho Ordenado se observe com os outros Thesoureiros Geraes, de que acima se fez expressa , e especial menção.

XI. Pelo que pertence ao Arsenal do Trem de Guerra, Sou Servido Estabelecer : Que das Despezas desta Repartição se processem Folhas : Que aquellas , que pertencerem a jornaes, sejão feitas pelos Apontadores , assinadas pelos Mestres , e authenticadas pelo Inspector do dito Arsenal : Que as que procederem de generos , e materiaes , venhão documentadas com os respectivos conhecimentos em fórma assinados pelo Escrivão , e Almoxarife da mesma Estação : E que depois de examinadas todas na competente Contadoria Geral do Erario , se lavrem nellas os Decretos para alli serem pagas, averbando-se primeiro estes pagamentos nos Livros de entrada , e sahida do Almoxarifado , á margem das mesmas addições de receita , cuja importancia Eu For Servido Mandar pagar pelos referidos Decretos. E para a compra dos artigos a dinheiro , ou para o fardamento do Meu Exercito , ou para o laboratorio do sobredito Arsenal , requererá o referido Inspector com a devida antecipação as somas, que necessarias forem , para Eu sobre a entrega dellas Resolver o que for mais compativel com as faculdades do Meu Real Erario , e as urgencias de taes despezas. E isto mesmo Ordeno se prati-

(7)

tique no que for pertencente ás obras de Fortificação , e reparos de Fortalezas : Tomando-se as contas aos respectivos Almoxarifes na conformidade do que fica disposto a respeito dos Thesoureiros Geraes da Despeza Civil Militar.

Pelo que pertence a Despezas da Marinha , e Armazens Reaes.

XII. Sendo as Despezas do provimento dos Armazens , Reaes e das expedições das Náos, Fragatas , e mais Vazos , de que se compõe a Minha Real Armada , assim como o pagamento dos Officiaes, e mais Pessoas , que Me servem na Marinha , tambem de natureza de não admittirem a menor dilação :. Ordeno , que pelo Erario Regio se entregue antecipadamente em cada mez ao Almoxarife dos Armazens Reaes por Officios , e requisições do Intendente da Marinha, feitos em consequencia das ordens , que tiver recebido do Ministro e Secretario de Estado respectivo , as somas indispensaveis para as ditas despezas , e pagamentos ; observando-se com a conta do mesmo Almoxarife quanto fica determinado a respeito do Thesoureiro Geral das Tropas ; e guardando-se provisionalmente em tudo o mais desta Repartição quanto determina o Alvará de treze de Maio do corrente anno, que instaurou o de tres de Junho de mil setecensos noventa e tres.

TITULO V.

Dos Balanços , que se devem fazer , e verificar no Erario.

I. O Presidente do Meu Real Erario no fim de cada Semestre do anno civil convocará o Thesoureiro Mór , e o Escrivão da Receita , e Despeza ; e fazendo somas os computos della nos Livros das differentes Caixas de Escrituração, e Cofre separado , mandará passar os Saldos , ou differenças a hum Extracto feito em fórmas de Mappa , cuja soma seja o Saldo geral de toda a entrada , e sahida do Erario , ou Thesouro Público naquelle Semestre.

II. Logo que isto se haja feito , mandará o mesmo Presidente chamar a cada hum dos tres Contadores Geraes , para que lhe apresentem o Balanço das Rendas , e Despezas , que tiverão entrada , e sahida pelas Caixas das suas Repartições ; e fazendo ajuntar os differentes Saldos de cada Caixa em outro similhante Mappa, sendo a soma delle igual á do Saldo geral do Erario , deduzido dos Livros de Receita , e Despeza da sua Thesouraria Mór ; passará então o referido Presidente, acompanhado do Thesoureiro Mór , e Escrivão, á Casa Forte, ou da Guarda dos Cofres , e fará na sua presença contar pelos Fieis o Dinheiro , Cedulas , Bilhetes , Ouro em pó , e Barras nelles existentes ; e achando tudo ser conforme ao deduzido do Balanço extrahido dos Livros , mandará fazer então os competentes Termos , assim nas contas das Caixas das differentes Contadorias Geraes , como no fim das entradas , e sahidas dos Livros de Receita , e Despeza do Thesouro , onde se declare aquella conferencia, e ajustamento de conta : O que tudo subirá por Consulta do mesmo Presidente á Minha Real Presença , para obter a confirmação necessaria ; a qual ficará servindo de Quitação plenaria ao Thesoureiro Mór , sem que possa haver cousa alguma em contrario , para o effeito de se mostrar livre, e quite de toda , e qualquer responsabilidade.

B 2   III.

(8)

III. No fim de cada anno fará tambem o Presidente do Erario Regio subir á Minha Real Presença a Conta Geral do Estado da Fazenda , em fórma de Tabella de toda a Receita , e Despeza , em que resumidamente se declare na Receita com distinção de cada hum dos seus artigos a importancia annual della , a soma do que entrou por cada artigo naquelle anno , e o que ficou em divida de cada hum , assim cobravel , como de divida em execução , ou falida : E na Despeza , o orsamento de importancia annual de cada artigo distinctamente , quanto se despendeo , ou pagou no dito anno por cada artigo , e quanto effectivamente se ficou devendo. Fazendo elle Presidente por escrito as observações , que lhe parecerem proveitosas , ou para o melhoramento da Receita , ou para evitar qualquer despeza inutil ; as quaes Me apresentará com as referidas Tabellas , e Balanços , que lhe hão de ser entregues outra vez para se guardarem no Archivo do Erario, e debaixo do segredo delle. Devendo ser feitas estas reducções da conta geral por hum Official da Thesouraria Mór para esse fim escolhido , como pessoa de toda a confiança , e segredo.

IV. Para que o Presidente do Meu Real Erario tenha todos os meios necessarios de pôr em prática o referido : Mando, que de todas, e quaesquer Estações, por onde se fizer arrecadação , ou despeza, que pertença á Minha Fazenda ; ou lhe possa vir a pertencer , lhe remettão nos primeiros quinze dias do mez de Janeiro de cada anno hum Balanço da sua Receita , e Despeza mercantilmente feito , acompanhado da Relação das dividas activas , e passivas de cada estação ; e aos Escrivães das Juntas de Fazenda assim do Continente do Brazil , como dos Dominios Ultramarinos , além do Balanço explicado , que são obrigados a remetter ao Erario Regio todos os annos, remettão separadamente iguaes Tabellas , e Relações de dividas ; para o que todas as Estações da Fazenda subalternas ás Juntas della lhes enviarão os seus Balanços, e Relações, a fim de serem remettidos para o Erario Regio com os Balanços das respectivas Juntas da Fazenda , e poderem ser contemplados na conta Geral acima referida , que no seguinte anno deve subir á Minha Real Presença. Logo que se verifique a falta de algum destes Balanços , e Relações , o Presidente do Real Erario fará suspender do seu Cargo ao Official de Fazenda, que for culpado de omissão , para depois se proceder contra elle, como for de Justiça.

T I T U L O VI.

Do Conselho da Fazenda.

I. Hei por bem outrosim Crear , e Erigir nesta Capital hum Conselho da Minha Real Fazenda , o qual terá as mesmas Prerogativas , Honras, Privilegios , Authoridade , e Jurisdicção no Estado do Brazil , e Ilhas Adjacentes , que tinha , e exercitava o Conselho da Fazenda de Portugal ; conservando a respeito das Colonias Ultramarinas , das Ilhas dos Açôres, Madeira, Cabo Verde , São Thomé , e mais Senhorios , e Dominios de Africa , e Asia a mesma Jurisdicção , que lhe competia , e era pertencente ao Conselho do Ultramar do mesmo Reino ; servindo ao novo Conselho de Instituto os Regimentos de dezesete de Outubro de mil quinhentos e dezaseis , e de seis de Março de mil quinhentos noventa e dous , a Carta de Lei de vinte e dous de Dezembro de mil setecentos sessenta e hum , e os Al-

va-

(9)

varás de dezenove de Julho de mil setecentos sessenta e cinco, e dezesete de Dezembro de mil setécentos e noventa, com todas as outras Leis, Decretos, e Ordens Regias, que expressamente se não acharem derogadas por outras posteriores sobre a Administração da minha Real Fazenda, além de tudo quanto ao diante vai expressamente declarado.

II. Ordeno com tudo, que ao dito respeito fiquem existindo todas as Juntas de Fazenda erectas nas mais Capitanías do Brazil, e Dominios Ultramarinos; e por tanto a respeito de territorio comprehendido na Administração, e Arrecadação de cada huma das ditas Juntas, exercitará tão sómente o Conselho da Fazenda a Jurisdicção, que exercia sobre os assumptos da Minha Fazenda o Conselho Ultramarino, sem infracção do que se acha determinado pelas Cartas Regias da Creação das referidas Juntas, pelo Decreto de doze de Junho de mil setecentos setenta e nove, e pelas mais Ordens posteriores, quaes Mando continuem provisionalmente a servir de Regimento, e Instituto ás mesmas Juntas.

III. Sou Servido porém Determinar fiquem pertencendo ao expediente do Conselho todos os negocios, e assumptos, que até agora se expedião por differentes Juntas, ou Estações delle separadas, continuando a conhecer de todos os artigos da Minha Real Fazenda, sobre que Eu não Houver no Brazil positivamente Decretado a separação da Jurisdicção do mesmo Conselho, como são Armazens Reaes, Arsenal Real do Exercito, Minas, e Metaes, Tributos, ou Impostos; á excepção com tudo do que respeitar á Povoação, e Fundação de Terras, Cultura, e Sesmarias dellas, e obras dos Conselhos, por ser o conhecimento de taes objectos pertencente á Meza do Desembargo do Paço, a quem sobre os ditos assumptos Conferi a mesma Jurisdicção, que exercitava o Conselho do Ultramar.

IV. Será composto o dito Conselho da Fazenda de hum Presidente, que será sempre o do Meu Real Erario, e dos Conslcheiros, que Eu for Servido Nomear: Havendo unicamente para o expediente delle hum Escrivão Ordinario, e outro Supernumerario, que sirva nos impedimentos do Ordinario, por quem Ordeno se expeção nos dias, que não forem Santos, ou feriados, todos os negocios; hum Official maior, outro menor, dous Papelistas, hum Praticante, e hum Official de Registo em cada Repartição, assim do Assentamento, como do Expediente: Hum Porteiro do Conselho, dous Continuos, hum Meirinho, e seu Escrivão, hum Solicitador, e hum Corretor da Fazenda; vencendo os ditos Ministros, e Officiaes, bem como os do Meu Real Erario, os ordenados, que Eu pelos Decretos das suas Nomeações for Servido Estabelecer aos ditos Empregos nesta Capital, além dos emolumentos, que por Lei, Ordem, ou Regimento lhes competirem.

C   VII.

(10)

TITULO VII.

Do Despacho dos negocios pertencentes á Jurisdicção Voluntaria, e Contenciosa do Conselho da Fazenda.

Habilitações.

I. **P**Or quanto he, e sempre foi hum dos negocios mais importantes, que requer hum prompto expediente no Despacho do Conselho da Minha Fazenda, o das Habilitações das Pessoas, que se pertendem legitimar com Sentença de Justificações, ou para succederem a outras Pessoas, que tem Mercés da Minha Coroa de juro, e herdade, ou em vidas, ou para Me requererem a satisfação de Serviços de terceiros, ou para outros effeitos de attendiveis consequencias : Hei por bem Ordenar, que os papeis desta natureza, pertencentes ao Estado do Brazil, ou aos Meus Dominios Ultramarinos, sejão repartidos por huma igual, e rigorosa distribuição entre todos os Ministros do mesmo Conselho : No qual aquelle, a quem por turno pertencer, servirá de Relator para propôr os papeis, e escrever o que for vencido pela pluralidade de votos, em que haverá sempre tres conformes : Recolhendo-se em hum Cofre os Emolumentos, para no fim de cada quartel se repartirem igualmente por todos os ditos Conselheiros.

Assentamento.

II. Porque nas presentes circunstancias do Estado ainda se não acha estabelecida a remuneração de Serviços pelas Mercés de Tenças : Sou Servido Ordenar, que de futuro, Havendo Eu por bem Estabelecer a dita fórma de remuneração, se guarde no Assentamento das Tenças quanto se acha determinado nos paragrafos segundo, terceiro, quarto, e quinto do Titulo segundo da Lei de vinte e dous de Dezembro de mil setecentos sessenta e hum, que regulou a Jurisdicção do Conselho da Fazenda do Reino.

III. Havendo com tudo nesta Provincia huma Folha de Juros do Emprestimo, que os seus Habitantes fizerão em virtude da Carta Regia de seis de Ourubro de mil setecentos noventa e seis ; e huma Junta denominada da Revisão da Divida Passiva da Minha Real Fazenda, que authorisava os computos della, para depois serem pagos segundo a fórma, que Eu Julgasse mais conforme, e compativel com a Justiça, e urgencias do Estado : Sou Servido Ordenar, que os titulos do Assentamento da dita Folha, e Divida Passiva, que se processavão pela Junta da Fazenda, e pela da Revisão, passem para a Casa do Assentamento do Conselho da Fazenda, para que nelle se examinem os titulos dos Accionistas, e Credores ; e pelo que Eu For Servido Resolver sobre o que Me consultar o mesmo Conselho a este respeito, ou se lavrar a competente Folha, passando-se Padrões de juro aos Capitalistas, e Credores, ou se distratarem os Capitáes deste Emprestimo, e computo daquella Divida, por consignações de qualquer dos Reditos públicos, que Eu Mandar applicar á sua amortização.

IV. Pelo que pertence aos Ordenados, se fará o Assentamento por despacho do Conselho, segundo Eu o Houver Determinado por Decreto, Carta, Alvará ou outro qualquer Diploma ; e do competente Livro do Assenta-

ta-

(11)

tamento Geral se exrrahirão annualmente as Folhas de cada Estação de Justiça, Guerra, Fazenda, ou Ecclesiastica, que devem, depois de providas, subir pelo mesmo Conselho á Minha Real Assinatura, e baixar ao Real Erario, para serem registadas, e entregues ao Thesoureiro Geral dos Ordenados, a fim de pagar na conformidade dellas ás Pessoas empregadas nas ditas Estações Reaes, e Públicas.

V. Para que as referidas Folhas estejão promptas no principio de cada hum anno, e as Pessoas nellas contempladas não fiquem privadas, pela demora da Minha Real Assinatura, de receberem os seus ordenados, e pagamentos nos prefixos termos, que para elles ficão estabelecidos : Determino, debaixo das penas de suspensão até Minha Mercê, que cada hum dos Officiaes do Assentamento, que em virtude deste Meu Alvará Sou Servido Estabelecer, na sua Repartição seja obrigado a ter promptas para subirem á Minha Real Presença até o fim do mez de Setembro de cada hum anno as Folhas, que houverem de servir para pagamento do anno proximo seguinte, a fim de baixarem por Mim assignadas até o mez de Dezembro do anno, em que subirem, e se poderem pôr a pagamento no principio do novo anno.

IV. Occorrendo ao pretexto de se não lavrarem as Folhas no sobredito tempo, por causa de se acharem embaraçadas pelos novos assentamentos, e obitos dos filhos dellas : Ordeno, que todos os Ordenados, Juros, Tenças, ou Pensões, que accrescerem, ou que vagarem depois do dia ultimo do mez de Junho de cada hum anno, fiquem reservados para se lançarem nas Folhas do anno proximo successivo, sem demora da expedição dellas, nem prejuizo dos pagamentos, e arrecadações do Real Erario nos annos occorrentes.

VII. E por ser mais conveniente ao Meu Real Serviço : Hei por bem Ordenar, que todas as Folhos de Ordenados, Pensões, Juros, Tenças, ou eutras quaesquer, que se hajão de pagar pela Minha Real Fazenda, á excepção das da despeza miuda do expediente dos Tribunaes, Armazens, e Secretarias de Estado, sejão processadas no Conselho, subpena de nullidade, e não serem abonadas aos Thesoureiros as despezas, que satisfizerem por quaesquer outros titulos, ou Folhas, que não sejão lavradas no referido Conselho, a quem fica pertencendo o Assentamento geral de todos os titulos das despezas de continuação, ou annuaes da Minha Real Fazenda.

Administrações.

VIII. Por serem cobradas nesta Capital, e Provincia do Rio de Janeiro por Administrações Fiscaes as Rendas abaixo declaradas : Hei por bem Determinar, que já mais se possão contratar, ou arrendar daqui em diante todos os Direitos, que se arrecadarem por Alfandegas ; os Novos Direitos da Chancellaria Mór ; as Passagens, e Registos da Parahiba, Parahibuna, Juruóca ; as de Taguahi, e do Parati ; o Subsidio da Agoardente da terra ; o Dizimo do Assucar ; o Equivalente do contrato do Tabaco ; o Rendimento da Casa da Moeda ; a Ancoragem dos Navios Estrangeiros ; os Direitos do Sal, e a Contribuição de oitenta reis por alqueire do dito genero : Ordenando, que todas as sobreditas Rendas, e outras similhantes se arrecadem por Administradores, e Thesoureiros, que Eu For Servido Nomear ; e que estes entreguem ao Thesoureiro Mór do Meu Real Erario os computos dos seus recebimentos, na fórma abaixo declarada.

C 2

IX.

114 Rostos Legislativos de D. João VI no Brasil

(12)

IX. Os Thesoureiros das Alfandegas mandarão nos primeiros oito dias de cada mez ao Real Erario, ou ás Thesourarias Geraes das Juntas, ou das Provedorias da Minha Fazenda, onde as houver, com Guia assignada pelo Juiz, e Administrador, e Certidão do que houverem tido de rendimento as ditas Casas de Arrecadação no mez proximo antecedente, todo o recebimento, que nelle tiverão, assim em dinheiro, como em Bilhetes sobre os Assinantes, na parte onde até agora se admittirão; e isto debaixo das penas de suspensão, sequestro, e prizão, pelo simples facto da demora da dita entrada.

X. Os Recebedores, e Administradores do Subsidio da Agoardente da terra, do Equivalente do Contrato do Tabaco, dos Dizimos do Assucar, do Subsidio Literario, ou de outra qualquer das Minhas Rendas, que tenha entrada diaria, farão as entregas do seu recebimento mensal na Thesouraria Mór do Erario nos primeiros dias do mez proximo seguinte, na conformidade do que acima fica dito a respeito dos Thesoureiros das Alfandegas, e debaixo da mesma comminação.

XI. Os Thesoureiros, Recebedores, ou Administradores de iguaes, ou semelhantes Rendas, assim nas Provincias deste Estado, como nas dos Meus Dominios Ultramarinos, ficão da mesma sorte obrigados a fazer as entregas dos seus recebimentos nos Thesouros, ou Cofres Geraes das Rendas publicas nos sobreditos prazos; incorrendo nas penas, que ficão referidas, os que o contrario praticarem: Concedendo porém a espera de quinze dias aos Recebedores, ou Administradores, que pelas distancias das suas residencias fizerem as entregas das Minhas Rendas por quarteis.

XII. Quando porém o Presidente julgar necessario para o augmento das Rendas sobreditas, que algumas das que não são exceptuadas de arrematação pela referida Lei de vinte e dous de Dezembro de mil setecentos sessenta e hum, se devem contratar, Mas proporá, para Eu Determinar o que For Servido; observando-se com tudo o Alvará de trinta e hum de Maio de mil e oitocentos, o qual expressamente determina, que todas as Arrematações dos Ramos da Minha Real Fazenda sejão feitas em Hasta publica.

Contratos.

XIII. Sendo impraticavel, que algumas das Minhas Rendas cobradas em especie possão ser administradas, sem que se evapore grande parte de seu producto nas mãos dos Propostos, que he preciso crear para o recebimento dellas, e sua reducção a dinheiro, maiormente em hum Paiz tão dilatado, e falto por ora de Ministros Letrados, que possão occorrer com a necessaria Jurisdicção á effectiva cobrança das mesmas Rendas sem os subterfugios, delongas, e prevenções, que costumão illudir os Ordinarios, e Camaras das Villas do Sertão do Brazil: Hei por bem Ordenar, que as Miunças dos Dizimos das Freguezias de cada huma das Provincias deste Estado, divididas em ramos proporcionados entre si, se arrematem por triennio aquem mais der, e melhores fianças offerecer, com as mesmas condições, com que até agora se arrematarão pelas Juntas da Fazenda respectivas, pagando os Contratadores ou Arrematantes os preços dos seus arrendamentos, ou Contratos por quarteis, hum sobre outro, segundo a ordem do anno civil: E isto em quanto Eu por motivos de maior utilidade da Minha Real Fazenda não Mandar o contrario.

XIV.

(13)

XIV. O mesmo Sou Servido se pratique nas Rendas do dizimo do Pescado, Vintena do Peixe salgado, Passagens pequenas, e outros semelhantes Ramos da Minha Real Fazenda, cuja fiscalisação absorvaria em ordenados, ou salarios das pessoas nella empregadas a maior parte do seu produto annual: Observando-se em tudo, quanto a respeito da solemnidade das Arrematações se acha estabelecido nos paragrafos vinte e sete, e vinte e oito, trinta e dous, trinta e quatro, e trinta e cinco do titulo segundo da sobredita Lei de vinte e dous de Dezembro de mil setecentos sessenta e hum.

XV. No Conselho se farão tambem as Arrematações de todos os Contratos Geraes da Coroa, como são o Contrato do Tabaco das Ilhas dos Açôres, e Madeira; o Contrato do Tabaco para a China; e o Contrato do Tabaco para Goa, posto que Doado esteja; o Contrato do Marfim de Angola, e Benguella; o da Urzella; o do Páo Brazil, em hum, ou mais ramos; e todos os mais Contratos Reaes estabelecidos, ou que Eu haja de Mandar estabelecer.

XVI. Igualmente pertencerão ao Conselho as Arrematações das mais Rendas desta Capitanía, que d'antes erão feitas pela extincta Junta da Fazenda della, ou reservadas ao Real Erario, por excederem a dez contos de reis annuaes: E a respeito das reservadas das mais Juntas de Fazenda, Sou Servido Ordenar, que nos casos, em que as circunstancias exigirem serem as Arrematações feitas pelas respectivas Juntas; ou, nos em que deve verificar-se a excepção decretada, tenha arbitrio o Presidente do Meu Real Erario: E para que se conserve a competencia das Jurisdicções por Mim estabelecidas: Mando se observe o seguinte.

XVII. Quando se decidir pelo Presidente do Erario Regio, á vista das contas, e dos lanços, que lhe remettarem as Juntas da Fazenda, que convem proceder-se nesta Capital a Arrematação da Renda, se remetterão ao Conselho as condições, e papeis originaes com despacho do mesmo Presidente, em que declare achar-se o rendimento nos termos de ser arrematado, havendo lanços, que cheguem á quantia, que lhe parecer justa. Fará logo então o Conselho pôr a Renda em Praça, e procederá a contratalla pelos termos legaes; aos quaes seguindo-se effectivamente á Arrematação, e dando ao Arrematante o competente Alvará de correr, tornará a remetter os mesmos papeis originaes ao Erario, depois de mandar registar na respectiva Secretaria os Documentos do estilo. E quando não haja lanços, ou concorrerem motivos, ou razões, pelas quaes pareça ao Conselho não dever ultimar a Arrematação da Renda, remetterá então os papeis com o Assento, que se tomar, á Meza do Real Erario; para que por elle se expeção ás respectivas Juntas as ordens, que lhe parecerem mais convenientes para o augmento do Contrato, ou Administração da sobredita Renda, acompanhadas dos Documentos, que sobre ella remetteo ao Erario, ou guardando-se estes na respectiva Contadoria Geral delle, para depois servirem de instrução ás Arrematações, que se houverem de fazer, como parecer mais conveniente ao bem, e augmento da Minha Real Fazenda.

XVIII. Pelo que pertence ao despacho dos negocios da Jurisdicção Contenciosa, observará o Conselho inviolavelmente o disposto no titulo terceiro da Lei de vinte dous de Dezembro de mil tetecentos sesenta e hum.

D TI-

(14)

TITULO VIII.

Da Natureza dos empregos, e Incumbencias do Erario Regio.

I. $\mathbf{S}$Ou Servido Ordenar, que os Empregos, Lugares, e Incumbencias do referido Erario se não possão para qualquer effeito julgar como Officios pertencentes ao Direito Consuetudinàrio. Determino, que tenhão a natureza de meras serventias triennaes vitalicias, de que não tirarão Cartas, nem pagarão Direitos alguns de Chancellaria as Pessoas, que Eu Houver por bem Nomear para os exercerem; ficando sempre amoviveis ao Meu Real Arbitrio, á excepção dos Continuos do Erario, que poderão ser despedidos pelo Presidente.

II. As mesmas Pessoas, que occuparem os sobreditos Empregos, e Lugares, vencerão os ordenados, que para a sua decente sustentação Tenho estabelecido, sem que seja permittido levarem das Partes emolumento algum pelo simples acto de pagar, ou receber, que são privativos do Meu Real Erario: Porém as liquidações, ou ajustamentos das contas, que em virtude dos Meus Reaes Decretos de oito de Maio de mil setecentos e noventa, e vinte seis de Julho de mil oitocentos e dous, fizerem os Officiaes do Erario Regio, sendo para isso proposto pelos respectivos Contadores Geraes, e nomeados pelo Presidente, lhes serão gratificados pela Minha Real Fazenda, na fórma dos sobreditos Decretos, que Mando se observem ao dito respeito.

Pelo que: Mando á Meza do Desembargo do Paço, e da Consciencia e Ordens, Presidente do Meu Real Erario, e Conselho da Fazenda, Casa da Supplicação do Brazil, Relação da Bahia, e de Goa, Junta da Minha Fazenda, Capitães Generaes, Governadores, Desembargadores, Corregedores, Ouvidores, Provedores, Juizes de Fóra, Intendentes, e outros Magistrados, Officiaes de Justiça, Guerra, e Fazenda, a quem o conhecimento do disposto neste Meu Alvará com força de Lei pertencer, o cumprão, e guardem, e o fação inteiramente cumprir, e guardar, como nelle se contém, sem dúvida, ou embargo algum, não obstante quaesquer Leis, Ordenações, Regimentos, Alvarás, Provisões, Costumes, ou Estilos em contrario, que todos, e todas Hei por bem derogallos para este effeito sómente, como se de cada hum delles fizesse especial, e expressa menção; ficando aliàs em seu antigo vigor. E ao Doutor Thomás Antonio de Villa-Nova Portugal, do Meu Conselho, Desembargador do Paço, e Chanceller Mór do Brazil, Mando que o faça publicar na Chancellaria, e que delle se remettão Copias a todos os Tribunaes, Cabeças de Comarcas, e Villas deste Estado: Registando-se nos Lugares, onde se costumão registar semelhantes Alvarás, remettendo-se o original para o Real Archivo, onde se houverem de guardar os das Minhas Leis, Regimentos, Cartas, Alvarás, e Ordens. Dado no Palacio do Rio de Janeiro em vinte e oito de Junho de mil oitocentos e oito.

PRINCIPE ·:·

D. Fernando José de Portugal.

Al-

(15)

A Lvará, por que Vossa Alteza Real Ha por bem Crear hum Erario, e Conselho de Fazenda para a Administração, Arrecadação, Distribuição, Contabilidade, e Assentamento do seu Real Patrimonio, e Fundos Publicos deste Estado, e Dominios Ultramarinos, como nelle se declara.

Para Vossa Alteza Real ver.

João Alvares de Miranda Varejão o fez.

Registado na Secretaria de Estado dos Negocios do Brazil no Livro I. de Leis, Alvarás, e Cartas Regias, a Folhas trinta e hum. Rio de Janeiro em quatro de Julho de mil oitocentos e oito.

Joaquim Antonio Lopes da Costa.

Thomás Antonio de Villa-Nova Portugal.

Foi publicado este Alvará com força de Lei na Chancellaria Mór da Corte e Estado do Brazil. Rio de Janeiro cinco de Julho de mil oitocentos e oito.

José Maria Raposo de Andrada e Sousa.

Foi registado este Alvará com força de Lei na Chancellaria Mór da Corte e Estado do Brazil a fol. 1. ⅴ. Rio de Janeiro 5 de Julho de 1808.

José Rodrigues Ferreira.

U O PRINCIPE REGENTE Faço saber aos que este Meu Alvará com força de Lei virem: Que Attendendo a não permittirem as actuaes circunstancias do Estado, que o meu Real Erario possa realizar os fundos, de que depende a manutenção da Monarquia, e o Bem commum dos Meus fieis Vassallos, sem as delonga, que as differentes partes, em que se achão, fazem necessarias para a sua effectiva entrada: A que os Bilhetes dos Direitos das Alfandegas tendo certos prazos nos seus pagamentos, ainda que sejão de hum crédito estabelecido, não são proprios para o pagamento de Soldos, Ordenados, Juros, e Pensões, que constituem os alimentos do Corpo politico do Estado, os quaes devem ser pagos nos seus vencimentos em moeda corrente: E a que os obstaculos, que a falta de giro dos signos representativos dos valores póem ao Commercio, devem quanto antes ser removidos, animando, e promovendo as transacções mercantís dos Negociantes desta, e das mais Praças dos Meus Dominios, e Senhorios com as Estrangeiras: Sou Servido Ordenar, que nesta Capital se estabeleça hum Banco Publico, que na fórma dos Estatutos, que com este baixão, assignados por Dom Fernando José de Portugal, do Meu Conselho de Estado, Ministro Assistente ao Despacho do Gabinete, Presidente do Real Erario, e Secretario de Estado dos Negocios do Brazil, ponha em acção os computos estagnados; assim em generos commerciaes, como em especies cunhadas; promova a Industria nacional pelo giro, e combinação dos capitáes isolados, e facilite juntamente os meios, e os recursos, de que as Minhas Rendas Reaes, e as publicas necessitarem para occorrer ás Despezas do Estado.

E Querendo auxiliar hum Estabelecimento tão util, e necessario ao Bem commum, e particular dos Povos, que o Omnipotente confiou do Meu Zelo, e Paternal Cuidado; Determino, que os saques dos fundos do Meu Real Erario, e as vendas dos generos privativos dos Contractos, e

Ad-

Administrações da Minha Real Fazenda, como são os Diamantes, Páo Brazil, o Marfim, e a Urzella, se fação pela intervenção do referido Banco Nacional, vencendo sobre o seu liquido producto a commissão dè dois por cento, além do premio do rebate dos Escritos da Alfandega, que em virtude do Meu Real Decreto de cinco de Setembro do corrente anno Fui Servido Mandar praticar pelo Erario Regio, para occorrer ao effectivo pagamento das Despezas de tracto successivo da Minha Coroa, que devem ser feitas em especies metallicas.

E Attendendo á utilidade, que provêm ao Estado, e ao Commercio do manejo seguro dos cabedaes, e fundos do referido Banco; Ordeno, que logo que elle principiar as suas operações, se haja por extincto o Cofre do Deposito, que havia neste Cidade a cargo da Camara della; e Determino, que no sobredito Banco se faça todo, e qualquer deposito judicial, ou extrajudicial de Prata, Ouro, Joias, e Dinheiro; e que o competente conhecimento de Receita passado pela Secretaria da Junta do Banco, e assignado pelo Administrador da competente caixa, tenha em Juizo, e fóra delle todo o valor, e crédito de effectivo, e real deposito, para se seguirem os termos, que por Minhas Leis se não devem praticar sem aquella clauzula, solemnidade, ou certeza; recebendo o sobredito Banco o mesmo premio, que no referido Deposito da Cidade se descontava ás partes. E outrosim Sou Servido Mandar, que os emprestimos a juro da Lei, que pelo Cofre dos Orfãos, e Administrações de Ordens Terceiras, e Irmandades se fazião até agora a pessoas particulares, de publicação deste Meu Alvará em diante se fação unicamente ao referido Banco, que deverá pagar á visra nos prazos convencionados os capitáes, e nas Epocas costumadas os juros competentes, debaixo de hypotheca dos fundos da sua Caixa de reserva; distratando desde logo aquelles Cofres as sommas, que tiverem em mãos particulares ao referido juro, para entrarem immediatamente com ellas no sobredito Banco Publico debaixo das mesmas Condições.

Em todos os pagamentos, que se fizerem á Minha Real Fazenda, serão contemplados, e recebidos como dinheiro os

Bi-

Bilhetes do dito Banco Publico pagaveis ao portador, ou mostrador á vista; e da mesma fórma se distribuirão pelo Erario Regio nos pagamentos das Despezas do Estado: E Ordeno, que os Membros da Junta do Banco, e os Directores delle sejão contemplados pelos seus serviços com as remunerações estabelecidas para os Ministros, e Officiaes da Minha Real Fazenda, e Administração da Justiça, e gozem de todos os privilegios concedidos aos Deputados da Real Junta do Commercio.

E este se cumprirá, como nelle se contém. Pelo que, Mando á Meza do Desembargo do Paço, e da Consciencia e Ordens; Presidente do Meu Real Erario, e Conselho da Fazenda; Regedor da Casa da Supplicação do Brazil; Governador da Relação da Bahia; Governadores e Capitáes Generaes; e mais Governadores do Brazil, e dos Meus Dominios Ultramarinos; e a todos os Ministros de Justiça, e mais Pessoas, a quem pertencer o conhecimento, e execução deste Alvará, que o cumprão, e guardem, e fação inteiramente cumprir, e guardar, como nelle se contém, não obstante quaesquer Leis, Alvarás, Regimentos, Decretos, ou Ordens em contrario, porque todos, e todas Hei por derogadas para este effeito sómente, como se delles fizesse expressa e individual menção; ficando aliàs sempre em seu vigor. E este valerá como Carta passada pela Chancellaria, ainda que por ella não ha de passar, e que o seu effeito haja de durar mais de hum anno, sem embargo da Ordenação em contrario: Registando-se em todos os lugares, onde se costumão registar semelhantes Alvarás. Dado no Palacio do Rio de Janeiro em 12 de Outubro de 1808.

PRINCIPE ∴

D. Fernando José de Portugal.

* 2   *Al-*

A Lvará com força de Lei, pelo qual Vossa Alteza Real Ha por bem Crear hum Banco Nacional nesta Capital, para animar o Commercio, promovendo os interesses Reaes, e Publicos; na fórma que nelle se declara.

Para Vossa Alteza Real ver.

João Alvares de Miranda Varejão o fez.

Registado nesta Secretaria de Estado dos Negocios do Brazil no Liv. I. de Decretos, Leis, Alvarás, e Cartas Regias sobre Fazendas a folhas 28. Rio de Janeiro em 14 de Outubro de 1808.

Joaquim Antonio Lopes da Costa.

ESTATUTOS
PARA
O BANCO PUBLICO,
ESTABELECIDO EM VIRTUDE DO ALVARA'
DE 12 DE OUTUBRO DE 1808.

ARTIGO I.

Estabelecer-se-ha hum Banco nesta Cidade do Rio de Janeiro, debaixo da denominação de Banco do Brazil, cujos fundos serão formados por Acções ; e o Banco poderá principiar o seu giro, logo que haja em Caixa cem Acções.

II.

A duração dos privilegios do referido Banco será por tempo de vinte annos ; e findos estes, se poderá dissolver, ou constituir novamente aquelle corpo , havendo-o Sua Alteza Real assim por bem.

III.

Cada hum dos Accionistas do Banco, assim como não pode ter utilidade alguma, que seja na razão da sua entrada, tambem não responderá por mais cousa alguma acima do valor della,

IV.

O fundo capital do Banco será de mil e duzentos contos de réis, dividos em mil e duzentas Acções, de hum conto de réis cada huma. Porém este fundo capital poder-se-ha augmentar para o futuro por via de novas Acções.

V.

He indifferente serem, ou não os Accionistas Nacionaes , ou Estrangeiros ; e por tanto toda, e qualquer pessoa , que quizer entrar para a formação deste corpo moral, o poderá fazer sem exclusão alguma , ficando unicamente obrigada a responder pela sua entrada.

VI.

Toda a penhora, ou execução assim Fiscal, como Civil, sobre Acções do Banco será nulla, e prohibida.

VII.

As operações do Banco consistirão ; a saber :
1. No desconto mercantil de Letras de Cambio sacadas , ou acceitadas por Negociantes de crédito Nacionaes, ou Estrangeiros.

Na

124   Rostos Legislativos de D. João VI no Brasil

2. Na commissão dos computos, que por conta de particulares, ou dos estabelecimentos publicos, arrecadar, ou adiantar debaixo de seguras hypothecas.

3. No deposito geral de toda, e qualquer cousa de Prata, Ouro, Diamantes , ou Dinheiro; recebendo, segundo o valor do deposito; ao tempo da entrega o competente premio.

4. Na emissão de Letras, ou Bilhetes pagaveis ao portador á vista , ou a hum certo prazo de tempo, com a necessaria cautéla para que jámais estas Letras, ou Bilhetes deixem de ser pagos no acto da apresentação; sendo a menor quantia, por que o Banco poderá emittir huma Letra, ou Bilhete , a de trinta mil réis.

5. Na commissão dos saques por conta dos particulares , ou do Real Erario , a fim de realizarem os fundos, que tenhão em Paiz Estrangeiro, ou Nacional, remoto.

6. Em receber toda a somma, que se lhe offerecer a juro da Lei, pagavel a certo prazo em Bilhetes á vista, ou á ordem do portador, ou mostrador.

7. Na commissão da venda dos generos privativos dos Contratos, e Administrações Reaes , quaes são os Diamantes, Páo Brazil, Marfim , e Urzella.

8. No Commercio das especies de Ouro, e Prata , que o Banco possa fazer, sem que se intrometta em outro algum ramo de Commercio , ou de Industria conhecido , ou desconhecido , directo, ou indirecto , estabelecido , ou por estabelecer, que não esteja comprehendido no detalhe das operações , que ficão referidas nestes Artigos.

VIII.

Não poderá o Banco descontar, ou receber por commissão , ou premio os effeitos , que provierem de operações, que se possão julgar contrarias á segurança do Estado; assim como os de rigoroso Contrabando , ou suppostos de transacções fantasticas, e simuladas, sem valor real , ou motivo entre as partes transactoras.

IX.

A Assembléa geral do Banco será composta de quarenta dos seus maiores Capitalistas : a Junta delle de dez ; e a Directoria de quatro dos mais habeis dentre todos. Em cada anno elegerá a mesma Assembléa cinco novos Deputados da Junta, e dois Directores; e os que sahirem destes Empregos, poderão ser reeleitos.

X.

Os quarenta dos maiores Capitalistas , que hão de formar a Assembléa geral do Banco, devem ser Portuguezes; mas qualquer Portuguez , que mostrar a necessaria Procuração de hum Estrangeiro, que seja do número dos maiores Capitalistas, póde representallo, e entrar na Assembléa geral; e no caso de haverem Capitalistas de igual número de Acções, preferirão aquelles, ou aquelle, que pelos Livros do Banco mostrar maior antiguidade na subscripção.

XI.

Para que hum Accionista tenha voto deliberativo nas Sessões do Banco,

ha

ha pelo menos de ter nelle o fundo capital de cinco Acções; e quantas vezes tiver o dito computo, tantos votos terá na Assembléa geral, bem entendido, que nunca o mesmo sujeito por qualquer motivo que seja, poderá ter mais de quatro votos; comprehendendo-se com hum voto na dita Assembléa cada cinco Accionistas de huma só Acção, á vista da competente Procuração feita a hum dentre elles; de sorte que se dois unicamente formarem o dito número de cinco Acções, poderá hum delles ter voto, apresentando a devida Procuração.

XII.

A Junta do Banco terá a seu cargo a Administração dos fundos, que o constituem. Os quatro Directores serão os Fiscaes das transacções, e operações do Banco em 'geral: votarão em ultimo lugar na Junta; e todas as decisões se farão pela pluralidade dos votos, os quaes no caso de empate serão decididos pela Assembléa geral.

XIII.

A' excepção da primeira nominata dos Membros da Junta, e da Directoria do Banco, que será feita pelo PRINCIPE REGENTE Nosso Senhor, todos os Deputados da Junta do Banco, e seus Directores serão depois nomeados pela Assembléa geral, e confirmados por Diploma Regio, nomeando-se sempre para os ditos lugares aquelles, que forem sendo os Proprietarios de maior número de Acções, e excluindo-se os que tiverem menor entrada para o fundo, que constitue o Banco.

XIV.

A Assembléa geral se fará todos os annos no mez de Janeiro, a fim de se conhecer das operações do Banco no anno antecedente, e prover sobre a nomeação dos Membros da Junta, e Directoria, segundo instituto for, e razão houver.

XV.

A Assembléa geral do Banco poderá ser convocada extraordinariamente pela Junta delle, quando ella tiver que propôr sobre quaesquer modificações, ou correcções, que se devão fazer nos seus Estatutos para utilidade dos Accionistas; ou quando a dita convocação lhe for proposta formalmente pelos Directores.

XVI.

·Cada hum dos Deputados da Junta terá a Administração de hum, ou mais ramos das transacções, e operações do Banco, de que dará conta na Junta; a qual sempre servirá de Presidente por turno hum dos Directores, sendo Relator geral das transacções, e negocios do Banco o Director, que houver servido de Presidente na antecedente Sessão, e assim successivamente.

XVII.

Os Directores terão a seu cargo provêr sobre a exacta observancia dos Estatutos do Banco; sobre a Escrituração, e contabilidade dos assumptos das suas transacções, e operações; e sobre o estado das Caixas, e Registos

das

das emissões, e vencimentos das Letras a pagar, e receber.; sem com tudo terem voto deliberativo nas Administrações particulares de cada hum dos ramos das especulações do Banco; havendo-o tão sómente em Junta, quando não servirem de Presidente.; pois que então neste lugar só o terão para o desempate dos votos, não sendo estes dos Directores; porque neste caso a mesma decisão pertencerá á Assembléa geral.

XVIII.

O dividendo das Acções se pagará em cada semestre á vista pela Junta do Banco, e pelos Correspondentes della aos Accionistas das Provincias, ou aos residentes nas Praças dos Reinos Estrangeiros.

XIX.

Do mesmo dividendo ficará sempre em hum Cofre de reserva a sexta parte do que tocar a cada Acção para o preciso cummulado de fundos, do qual receberão annualmente os Accionistas cinco por cento consolidados.

XX.

Os Ordenados dos empregados na Administração, e Directoria do Banco, assim como os dividendos annuaes das Acções, segundo o Balanço demostrativo della, serão estabelecidos pela Assembléa geral; e as despezas do expediente, e laboratorio do Banco serão feitas em consequencia das determinações da Junta, sujeitas á approvação da mesma Assembléa, que as poderá diminuir, ou augmentar, como lhe parecer mais conveniente.

XXI.

A Junta organizará o Plano do expediente, e Escrituração interior, e exterior dos negocios do Banco, que apresentará á Assembléa geral para ser approvada.

XXII.

Os actos judiciaes, e extrajudiciaes, activos, ou passivos concernentes ao Banco, serão feitos, e exercitados debaixo do nome generico da Assembléa geral do Banco pela Junta delle.

XXIII.

Os Falsificadores de Letras, Bilhetes, Cedulas, Firmas, ou Mandatos do Banco serão castigados como os delinquentes de Moeda falsa.

XXIV.

Os presentes Estatutos servirão de acto de união, e sociedade entre os Accionistas do Banco, e formarão a base dos seus estabelecimentos, e responsabilidade para com o Público.

Palacio do Rio de Janeiro em 8 de Outubro de 1808.

D. Fernando José de Portugal.

Na Impressão Regia.

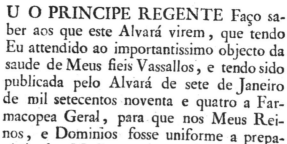EU O PRINCIPE REGENTE Faço saber aos que este Alvará virem, que tendo Eu attendido ao importantissimo objecto da saude de Meus fieis Vassallos, e tendo sido publicada pelo Alvará de sete de Janeiro de mil setecentos noventa e quatro a Farmacopea Geral, para que nos Meus Reinos, e Dominios fosse uniforme a preparação, e composição dos Medicamentos, e deste modo se prevenissem, e evitassem os descuidos, e enganos, e faltas da necessaria cautéla em tão interessante artigo : havendo já decorrido longo tempo, sem que se regulassem os preços dos Medicamentos nestes Estados do Brazil, e havendo na Farmacopea Geral do Reino huma regra fixa, e já authorisada, a fim de se fazer com toda a segurança hum semelhante regulamento para obviar os prejuizos, e damnos, que da falta do Regimento de preços dos Remedios resultão á Minha Fazenda, e á dos Meus Vassallos, Houve por bem do Meu Real Serviço encarregar ao Doutor Manoel Vieira da Silva, do Meu Conselho, e Fysico Mór do Reino, que conferindo com dous Boticarios dos mais intelligentes, e proprios, quaes elle nomeasse, procedesse a taxar o preço dos Medicamentos, e Drogas para regra dos Boticarios. E sendo-Me presente o dito Regimento por elle ordenado, e achando que he segundo as Minhas Reaes Intenções, e Determinações, Sou Servido Mandar a este respeito o seguinte.

I. Que todos os Boticarios de Meus Reinos sejão obrigados a vender seus Medicamentos pelas taxas no Regimento determinadas, sem abatimento da terça parte, ou d'ametade da somma das Receitas, que o costume tem introduzido por circunstancias, que presentemente não occorrem : E por quanto desta quasi necessidade de fazer semelhantes abatimentos podem facilmente originar-se abusos de substituições dolozas, e damnozas á saude de Meus Vassallos, e commetter-se faltas essenciaes nas composições dos Remedios : Hei por abolido este costume, e Mando aos Julgadores, e Justiças de Meus Reinos, que nos casos da sua competencia assim mesmo julguem, e fação executar da publicação deste Alvará em diante, conforme o tempo, e Era declarada no Regimento; condemnando aos Boticarios, que taes abatimentos fizerem, no dobro da importancia dos ditos abatimentos, ametade para o accusador, e a outra ametade para o Hospital mais visinho, em razão da má fé, que destes abatimentos de somma se deve presumir, sendo, como são, os preços racionavelmente taxados.

II. Que em attenção á variedade dos Preços das Drogas Medicinaes, segundo a alternativa dos tempos, e do Commercio, o dito Fysico Mór proceda á reforma, em cada hum dos annos, do dito Regimento, alterando os preços nesta conformidade, e da mesma maneira, que lhe foi determinado, em quanto Eu não For Servido Mandar o contrario; e não publicando porém a reforma sem prévia licença Minha.

III. Que cada hum dos Boticarios tenha hum Exemplar do dito Regimento dos preços dos Medicamentos para seu governo, assinado pelo sobredito Fysico Mór, e pelo Boticario da Minha Real Casa, da mesma fórma, e com as mesmas declarações, que já se mandou, e se tem praticado na Farmacopea Geral, para que tenha o devido vigor: Que no frontespicio delle se declare a Era, a que pertence, para regular as sommas das Receitas do tempo, que lhe for correspondente: E que nas visitas das Boticas se inquira quanto sobre este particular se julgar necessario; e das faltas se tome conhecimento, para se impôrem aos delinquentes as penas, que em outró lugar estão determinadas.

IV. Que as Advertencias relativas ao modo de algumas sommas de Medicamentos, que no mesmo Regimento não vão declaradas, se observem, como nellas se contém; e que este Alvará, e ditas Advertencias se reimprimão nos Exemplares do Regimento, que Mando formar em cada hum anno.

V. Que os Boticarios do interior destes Estados, por isso que ficão em grandes distancias dos Portos do Mar, e em razão de transportar por terra os Medicamentos, lhes chegão muito mais caros; serão obrigados a pedir pelos Medicamentos mais huma quinta parte dos preços determinados neste Regimento, ficando sujeitos ás mesmas penas já determinadas.

VI. Serão os Boticarios obrigados a mostrar no Regimento a taxa dos Medicamentos, que venderem, a todos as pessoas, que o quizerem ver, e assim lho requererem.

Pelo que; Mando á Meza do Desembargo do Paço, e da Consciencia e Ordens; Presidente do Meu Real Erario; Regedor da Casa da Supplicação do Brazil; Governador da Relação da Bahia; Governadores e Capitães Generaes, e mais Governadores do Brazil, e dos Meus Dominios Ultramarinos; e a todos os Ministros de Justiça, e mais Pessoas, a quem pertencer o conhecimento, e execução deste Alvará, que o cumprão, e guardem, e fação inteiramente cumprir, e guardar, como nelle se contém, não obstanre quaesquer Leis, Alvarás, Regimentos, Decretos, ou Ordens em contrario; porque todos, e todas Hei por derogadas para este effeito sómente, como se delles fizesse expressa, e individual menção, ficando aliàs sempre em seu vigor E este valerà como Carta passada pela Chancellaria, ainda que por ella não ha de passar, e que o seu effeito haja de durar mais de hum anno, sem embargo da Ordenação em contrario; Registando-se em todos os lugares, onde se costumão registar semelhantes Alvarás. Dado no Palacio do Rio de Janeiro em cinco de Novembro de mil oitocentos e oito.

PRINCIPE

D. Fernando José de Portugal.

A Lvará, *pelo qual Vossa Alteza Real Ha por bem Determinar varias providencias sobre os Boticarios, e sobre os preços das Drogas; na fórma acima exposta.*

Para Vossa Alteza Real ver.

Joaquim Antonio Lopes da Costa o fez.

Registado nesta Secretaria de Estado dos Negocios do Brazil no Livro I. de Leis, Alvarás, e Cartas Regias a folhas sessenta e seis. Rio de Janeiro em onze de Novembro de mil oitocentos e oito.

João Baptista de Alvarenga Pimentel.

Na Impressão Regia.

OM JOÃO por graça de Deos PRINCIPE REGENTE de Portugal, e dos Algarves, d'aquém, e d' além, Mar em Africa, de Guiné, e da Conquista, Navegação, e Commercio da Ethiopia, Arabia, Persia, e da India. etc. Faço saber aos que a presente Carta de Lei virem, que tendo sido instituidas, e creadas as diversas Ordens de Cavallaria em todas as idades, não só para marcar na posteridade as Epocas mais faustas, e assignaladas, em que se obrárão acções heroicas, e feitos gloriosos em proveito, e augmento dos Estados, mas também para premiar distinctos Serviços Militares, Politicos, e Civis, sendo esta moeda da honra a mais inexhaurivel, e a de mais subido preço para estimulo de acções honradas; e havendo sido por estes ponderosos motivos creadas as que ha nesta Monarquia; mas não podendo bastar, porque tendo-se-lhes unido instituições, e ceremonias religiosas, não quadrão aos Estrangeiros de diversa crença, e communhão merecedores de premios desta natureza: Querendo Eu não só assinallar nas Eras vindouras esta memoravel Epoca, em que Aportei felizmente a esta parte importantissima dos Meus Estados, os quaes por meio deste grande, e extraordinario acontecimento, e pela immensa riqueza dos Thesouros, que lhes prodigalizou a natureza, e pela liberdade, e franqueza do Commercio, que Fui Servido conceder aos seus Naturaes, hão de elevar-se a hum gráo de consideração mui vantajoso: Desejando outrosim premiar os destinctos Serviços de alguns illustres Estrangeiros, Vassallos do Meu antigo, e fiel Alliado ElRei da Gram Bretanha, que Me acompanhárão com muito zelo nesta Viagem: Considerando, que a unica Ordem puramente Politica, e de instituição Portugueza he que foi creada na Era de mil quatrocentos cincoenta e nove pelo Senhor Rei D. Affonso V. de muito illustre, e esclarecida memoria, denominado o Africano, com o Titulo de Ordem da Espada, para celebrar o ditoso acontecimento da Conquista, que emprehendêra; e que com a renovação della se enchem os ponderosos, e uteis fins de assinallar o feliz acontecimento da salvação da Monarquia, e da prosperidade, e augmento deste Estado do Brazil, e de premiar tambem aquelles Meus Vassallos, que preferirão a honra de acompanhar-Me a todos os seus interesses, abandonando-os para terem a feliz dita de Me seguirem: Fui Servido Instaurar, e Renovar a sobredita Ordem da Espada por Decreto de treze de Maio do corrente anno, que se publicará com esta Minha Carta de Lei; e para Dar-lhe mais estabilidade, e esplendor, Tendo ouvido o parecer de pessoas mui doutas, e mui zelosas do Meu Real Serviço, e da felicidade desta Monarquia, Hei por bem Determin o seguinte.

I. A mencionada Ordem ficará designada com o Nome da Torre, e Espada, Sendo Eu o Gram Mestre della, e Gram Cruz Commendador Mór o Principe da Beira; Gram Cruz Claveiro o Infante D. Miguel, Meus muito Amados, e Prezados Filhos; e Gram Cruz Alferes o Infante D. Pedro Carlos, Meu muito Prezado Sobrinho; e Me Praz outrosim Determinar, que para o futuro serão sempre Grans Mestres os Senhores Reis desta Monarquia, e Grans Cruzes os Principes, e Infantes, sendo Commendador Mór o Successor Presumptivo da Corôa, e Claveiro o mais velho dos Infantes, e Alferes o que se lhe seguir.

II. Terá a mesma Ordem, além dos sobreditos, mais doze Grans Cruzes, seis Effectivos, e seis Honorarios, os quaes passarão por antiguidade a

132   *Rostos Legislativos de D. João VI no Brasil*

Effectivos na morte de algum delles. Serão os nomeados para ella pessoas da maior representação, e a quem já competia o tratamento de Excellencia pela graduação, em que estiverem; e caso o não tenhão, pela nomeação de Gram Cruz lhes ficará pertencendo.

III. Poderão ser elevados a esta Dignidade aquelles dos Meus Vassallos, que mais se tiverem avantajado no Meu Real Serviço por acções de alta valia na Carreira Militar, tanto no Meu Exercito de terra, como de mar, e na Politica, e Civil, ficando reservado ao Meu Real Arbitrio o avaliar a qualidade de Serviços, que merecem esta honrosa Recompensa.

IV. Haverá oito Commendadores Effectivos; e Honorarios os que Eu Houver por bem Nomear; os quaes irão passando para Effectivos, quando vagar alguma Commenda, por falecimento de algum Commendador, segundo a antiguidade de suas nomeações. Serão as Commendas igualmente conferidas por Serviços relevantes, que Me tenhão sido feitos por pessoas distinctas por Empregos Militares, e Politicos.

V. Os Cavalleiros desta Ordem serão tambem pessoas de merecimento relevante, e empregadas no Meu Real Serviço; e só se farão estas Mercês em recompensa de Serviços, sem que seja licito a alguem premiado com a Venéra desta Ordem renunciar em outro a Mercê, que lhe foi feita. Os seis primeiros, que forem nomeados Cavalleiros desta Ordem, terão huma Tença de cem mil réis, e por morte de algum delles succederá na Tença o que preceder em antiguidade.

VI. A Insignia desta Ordem será huma Chapa de Ouro redonda, que terá de hum lado a Minha Real Effigie, e no reverso huma Espada com a Letra = Valor, e Lealdade = para os simples Cavalleiros : e para os Commendadores, e Grans Cruzes terá mais huma Torre no cimo della; e poderão na Casaca usar de Chapa, em que tenhão a Espada, a Torre, e a Legenda acima referida.

VII. As Medalhas serão pendentes de fita azul; e os Grans Cruzes trarão por cima da Casaca, ou Farda Bandas da mesma côr, e hum Colar formado de Espadas, e Torres sobre ellas nos dias de Côrte, e grande Gala; e nos mais dias trarão só as Bandas por cima da vestia, como he determinado, e praticão os Grans Cruzes, Commendadores, e Cavalleiros das tres Ordens Militares; e o Colares, e Chapas serão conformes aos padrões, que vão desenhados.

VIII. As Grans Cruzes, por falecimento dos que as tiverão, serão entregues ao Meu Ministro de Estado dos Negocios do Brazil para Me fazer entrega dellas; e por elle mesmo serão remettidas áquelles, a quem Eu Houver por bem Conferillas.

IX. Sendo o fim principal da renovação desta Ordem o premiar as grandes acções, e Serviços, que se Me fizerem, Hei por bem Estabelecer seis Commendas para os seis Grans Cruzes Effectivos, que hão de consistir em huma doação de duas légoas de raiz, ou quatro quadradas de terra cada huma, è oito Commendas de legoa e meia de raiz, ou duas e hum quarto quadradas para os Commendadores.

X. Estas Commendas constarão da quantidade do terreno acima dito, que estiver inculto, e desaproveitado, e absolutamente por cultivar, e em que nenhum dos Meus Vassallos tenha dominio, ou posse, ou qualquer outra pertenção.

XI. Por morte dos Commendadores passarão ellas para aquelle, a quem Eu fizer Mercê, com todos os augmentos, que tiverem; e aos Commendadores será licito afforarem parte do terreno das Commendas a Colonos brancos para augmento da agricultura, e povoação, percebendo o foro, e ficando com todos os direitos, e faculdades, que tem os Senhores directos em qualquer afforamento.

XII. Vagando alguma Commenda por morte do Commendador, ou porque seja privado della por sentença proferida legalmente por delicto, por que a deva perder; o Magistrado do lugar, em que ella for situada, fazendo logo huma legal arrecadação, Me dará conta pelo Presidente do Meu Real Erario; e pelo mesmo Magistrado se mandará administrar, em quanto estiver vaga, e até que seja de novo conferida pela maneira estabelecida pelas Minhas Leis, e mais Reaes Disposições.

XIII. O total destas Commendas hade constituir o Patrimonio da Ordem; e para se estabelecerem, precederão informações das diversas Capitanias deste Estado, para se conhecer onde ha terrenos incultos, e desaproveitados, que convenhão para esta Instituição, cujo regimen se estabelecerá melhor nos Estatutos, que Mando formar para esta Ordem.

XIV. Em cada anno no dia vinte e dous de Janeiro, em memoria daquelle, em que Aportei a estes Estados, se celebrará a Festa da Ordem pela maneira, que Eu Houver por bem Regular.

XV. Hei por bem Encarregar o exame, decisão, e expediente dos negocios desta Ordem á Meza da Consciencia e Ordens, que entenderá nelles pela mesma fórma, e maneira, por que o faz nos das mais Ordens.

XVI. Os Cavalleiros, a quem Eu Fizer Mercê da Insignia desta Ordem, depois de tirarem as suas Provisões, se apresentarão em huma das Casas do mesmo Tribunal, e prestado o Juramento de Valor, e Lealdade, lhes lançará hum Cavalleiro, ou Commendador da referida Ordem a Insignia com assistencia de mais dous, lavrando-se disso Termo em hum Livro, que haverá para este fim.

XVII. Os privilegios desta Ordem serão os mesmos, de que gozão os Grans Cruzes, Commendadores, e Cavalleiros das tres Ordens Militares; e terão por seu Juiz, que se denominará dos Cavalleiros da Ordem da Torre, e Espada, hum Magistrado de distincta graduação, que deverá ser Commendador, ou Cavalleiro da mesma Ordem.

XVIII. Os Grans Cruzes devem preceder aos Commendadores, quando aconteça concorrerem juntos; e entre si serão precedidos pelas Dignidades, segundo a graduação acima exposta, e cada hum pela sua antiguidade na Concessão, e Mercê da Gram Cruz.

XIX. Devendo ter esta Ordem Estatutos apropriados para o seu regimen, e não convindo, que se fação senão depois de creada, e estabelecidas, as Commendas; Ordeno que pelo Meu Ministro, e Secretario de Estado dos Negocios do Brazil se expeção ordens para os Governadores das diversas Capitanias deste Estado, a fim de que informem os terrenos, que ha nas suas Capitanias baldios, e que nunca fossem possuidos, e com as circunstancias necessarias para o estabelecimento destas Commendas: E outrosim, que formadas ellas, e organizado tudo o mais, que convem, se formem os Estatutos para firmeza, e bom governo desta Ordem.

E esta se cumprirá, como nella se contém. Pelo que Mando á Meza do Desembargo do Paço, e da Consciencia e Ordens; Presidente do Meu Real Erario: Regedor da Casa da Supplicação do Brazil; Conselho da Minha Real Fazenda Governador da Relação da Bahia; Governadores e Capitães Generaes, e mais Governadores do Brazil, e dos Meus Dominios Ultramarinos; e a todos os Ministros de Justiça, e mais Pessoas, a quem pertencer o conhecimento, e execução desta Carta de Lei, que a cumprão, e guardem, e fação inteiramente cumprir, e guardar, como nella se contém, não obstante quaesquer Leis, Alvarás, Regimentos, Decretos, ou

Ordens em contrario; porque todos, e todas Hei por derogados para este effeito sómente, como se delles fizesse expressa, e individual menção, ficando aliàs sempre em seu vigor. E ao Doutor Thomaz Antonio de Villanova Portugal, do Meu Conselho, Desembargador do Paço, e Chanceller Mór do Brazil, Mando que a faça publicar na Chancellaria, e que della se remettão copias a todos os Tribunaes, Cabeças do Comarcas, e Villas deste Estado : Registando-se nos lugares, onde se costumão registar semelhantes Cartas, remettendo-se o original para o Real Arquivo, onde se houverem de guardar os das Minhas Leis, Regimentos, Cartas, Alvarás, e Ordens. Dado no Palacio do Rio de Janeiro em vinte e nove de Novembro de mil oitocentos e oito.

O PRINCIPE Com Guarda.

D. Fernando José de Portugal.

C Arta de Lei; pela qual Vossa Alteza Real Ha por bem Instaurar, e Renovar a Ordem da Espada, e Crear Grans Cruzes, Commcndadores, e Cavalleiros para ella, e Dar providencias para o seu Estabelecimento, na fórma acima exposta.

Para Vossa Alteza Real ver.

Joaquim Antonio Lopes da Costa a fez.

Registada nesta Secretaria de Estado dos Negocios do Brazil no Livro I. de Leis, Alvarás, e Cartas Regias a folh. 71 vers. Rio de Janeiro em dous de Dezembro de mil oitocentos e oito.

João Manoel Martins da Costa.

Thomaz Antonio de Villanova Portugal.

Foi publicada esta Carta de Lei, e o Decreto de treze de Maio de mil oitocentos e oito, de que nesta Lei se faz menção, na Chancellaria Mór da Corte, e Estado do Brazil. Rio de Janeiro dez de Dezembro de mil oitocentos e oito.

José Maria Rapozo de Andrada e Sousa.

Foi registada esta Carta de Lei, e o Decreto de treze de Maio de mil oitocentos e oito na Chancellaria Mór da Corte, e Estado do Brazil no Livro I. de Leis a folh. 19 vers. Rio de Janeiro dez de Dezembro de mil oitocentos e oito.

Demetrio José da Cruz.

Na Impressão Regia.

N.º 1. Collar, e Medalha dos Grans Cruzes, que deve andar pendente na Banda, e também no mesmo Collar nos dias de Grande Gala.
N.º 2. Chapa, ou Sobre posto dos Grans Cruzes, e Commendadores.
N.º 3. Medalha dos Commendadores, e Cavalleiros; com a differença, que a destes naõ tem Torre.
N.º 4. Reverso das Estampas. N.º 1. e N.º 3.

ÍNDICE

Nota Prévia 7

1. Considerações introdutórias 9
2. Fundamentos da partida da Corte para o Brasil de acordo com o Decreto de 26 de Novembro de 1807 10
3. As Instruções Régias de Novembro de 1807 12
4. Anúncio da inversão da política do príncipe regente D. João relativamente à França 14
5. O benévolo acolhimento dos franceses e a aceitação obrigatória das moedas francesa e espanhola como meio de pagamento em Portugal 17
6. A hospitalidade estratégica da Igreja portuguesa 18
7. O correr da pena legislativa de Junot 21
8. A saída da Corte de Lisboa entendida como manifestação abdicativa do príncipe 21
9. O governo da iniciativa de Junot 22
10. O novo formulário das leis e dos actos forenses e administrativos em nome do imperador dos franceses e rei de Itália 24
11. A legislação penal de Junot e a aplicação do direito penal francês em Portugal 26
12. A relevância do direito militar 29
13. Severidades da Intendência Geral da Polícia 30
14. A proclamação do Duque de Abrantes 32
15. Missões assinaladas aos magistrados portugueses 34
16. A figura servil dos «Corregedores Móres» 37
17. A crítica sentenciosa do Conde da Ega dirigida aos magistrados portugueses 39
18. A Contribuição Extraordinária de Guerra e as suas incidências normativas 41

138 — *Rostos Legislativos de D. João VI no Brasil*

19. Tentativa de periodização da legislação joanina no Brasil — 45
20. O recorte do primeiro ciclo legislativo joanino de pendor publicista 47
21. As leis consagradoras do princípio da liberdade económica no Brasil 47
22. Reedificação das estruturas político-administrativas brasileiras 50
23. O paternalismo régio no Brasil 51
24. Lances reformadores da administração militar e da organização judiciária no Brasil 52
25. O novo figurino legal das finanças públicas brasileiras. — 55
26. A Décima brasileira no desenho do Alvará de 27 de Junho de 1808 e do Alvará de 3 de Junho de 1809 57
27. Uma Junta de Comércio no Brasil 59
28. A Fundação do Banco do Brasil e os traços societários inscritos no Alvará de 12 de Outubro de 1808 60
29. A instauração da Ordem de Torre e Espada em feição brasileira 64
30. O largo espectro da polícia à medida da administração interna brasileira 66
31. As leis brasileiras do príncipe regente e os bens da alma — 68
32. Os bens do corpo encarados pelo prisma da saúde pública e do direito farmacêutico brasileiro 70
33. O *ius politiae* perante o fenómeno da criminalidade 72
34. As vastas atribuições da Intendência Geral da Polícia da Corte e do Estado do Brasil 75
35. O modo de pensar o direito pela óptica do Regimento da Relação de S. Luís do Maranhão de 1812 76
36. Modificações legislativas pontuais no âmbito do direito privado no Brasil 80
37. Apontamento conclusivo 80

Apêndice documental 83

1. Carta Régia ao Governador da Bahia para a Liberdade de Commercio – Carta Régia de 28 de Janeiro de 1808 — 85

2. Alvará com força de Lei, pelo qual Vossa Alteza Real He Servido Crear hum Tribunal para nelle se decidirem os negocios pertencentes á Meza do Desembargo do Paço, Meza da Cosciencia e Ordens, e Conselho do Ultramar; na fórma acima declarada – Alvará de 22 de Abril de 1808 87

3. Alvará com força de Lei, pelo qual Vossa Alteza Real he Servido Regular a Casa da Supplicação do Brazil, e Dar outras providencias a bem da Administração da Justiça na fórma, que acima se declara – Alvará de 10 de Maio de 1808.. 95

4. Alvará, por que Vossa Alteza Real he Servido Crear no Estado do Brazil, hum Intendente Geral da Policia; na fórma acima declarada – Alvará de 10 de Maio de 1808   99

5. Decreto regulando a Impressão Regia no Brasil – Decreto de 13 de Maio de 1808 101

6. Alvará, por que Vossa Alteza Real Ha por bem Crear hum Erario, e Conselho de Fazenda para a Administração, Arrecadação, Distribuição, Contabilidade, e Assentamento do seu Real Patrimonio, e Fundos Publicos deste Estado, e Dominios Ultramarinos, como nelle se declara – Alvará de 28 de Junho de 1808 103

7. Alvará com força de Lei, pelo qual Vossa Alteza Real Ha por bem Crear hum Banco Nacional nesta Capital, para animar o Commercio,promovendo os interesses Reaes, e Publicos; na forma que nelle se declara – Alvará de 12 de Outubro de 1808 119

8. Estatutos para o Banco Publico, Estabelecido em Virtude do Alvará de 12 de Outubro de 1808 123

9. Alvará, pelo qual Vossa Alteza Real Ha por bem Determinar varias providencias sobre os Boticarios, e sobre os preços das Drogas; na fórma acima exposta. Alvará de 5 de Novembro de 1808.............................. 127

10. Carta de Lei, pela qual Vossa Alteza Real Ha por bem Instaurar, e Renovar a Ordem da Espada, e Crear Grans Cruzes, Commendadores, e Cavalleiros para ella, e Dar providencias para o seu Estabelecimento, na fórma acima exposta – Carta de Lei de 29 de Novembro de 1808 ... 131